Ahmet Hâşim

1884'te Bağdat'ta doğdu, 1933'te İstanbul'da yaşamını yitirdi. Çocukluğu Bağdat'ta geçti. 12 yaşında annesinin ölümü üzerine babası Fizan Mutasarrıfı Arif Hikmet Bey'le birlikte İstanbul'a geldi. Bir yıl Numûne-i Terakki Mektebi'ne devam ettikten sonra 1896'da Mektebe-i Sultani'ye (Galatasaray Lisesi) kaydoldu. Buradan 1907'de mezun oldu ve aynı yıl Reji İdaresi'nde memurluğa başladı. Bir yandan da Hukuk Mektebi'ne devam etti. İzmir Sultanisi Fransızca öğretmenliğine atanınca hukuk eğitimini bırakıp İzmir'e gitti. 1912-1914 arasında Maliye Nezareti'nde çevirmenlik yaptı. 1. Dünya Savaşı yıllarını Çanakkale ve İzmir'de yedek subay olarak geçirdi. Savaş sonrası İstanbul'a döndü ve İaşe Nezareti (1918-1919) ve Duyûn-i Umûmiye'de (1922-1924) çalıştı ve bir yandan da Sanayi-i Nefise Mektebi'nde (Güzel Sanatlar Akademisi) estetik ve mitoloji öğretmenliği yaptı. Harp Akademisi ve Mülkiye Mektebi'nde Fransızca dersleri verdi. Akşam ve İkdam gazetelerinde köşe yazıları yazdı.

1921'de basılan ilk şiir kitabı "Göl Saatleri" Türk şiirinin Yahya Kemal Beyatlı'dan sonraki ikinci kanadını kurar. Nesirlerinde daime şiirlerinden tamamen farklı bir karakter göstermiş ve dış dünyaya dair izlenim ve anlık duygulanmalarını kaleme almıştır.

Eserleri
Şiir: *Göl Saatleri* (1921), *Piyâle* (1926).
Nesir: *Bize Göre ve Bir Seyahatin Notları* (1928), *Gurebâhâne-i Laklakan* (1928), *Frankfurt Seyahatnâmesi* (1933).

Kırmızı Kedi Yayınevi: 935
Şehirlerarası: 4

Frankfurt Seyahatnâmesi
Ahmet Hâşim

© Ahmet Hâşim 2018
© Kırmızı Kedi Yayınevi, 2018

Yayın Yönetmeni: Enis Batur

Hazırlayan: Şaban Özdemir
Editör: Çağlayan Çevik
Kapak Tasarımı: Cüneyt Çomoğlu
Grafik: Taylan Polat

Birinci Basım: Mayıs 2018, İstanbul
ISBN: 978-605-298-303-4
Kırmızı Kedi Sertifika No: 13252

Baskı: Pasifik Ofset
Cihangir Mah. Güvercin Cad. No: 3/1 Baha İş Merkezi A Blok Kat: 2
34310 Haramidere/İSTANBUL
Tel: 0212 412 17 77 Sertifika No: 12027

Kırmızı Kedi Yayınevi
kirmizikedi@kirmizikedi.com / www.kirmizikedi.com
www.facebook.com/kirmizikedikitap / twitter.com/krmzkedikitap
kirmizikediedebiyat.blogspot.com.tr
Ömer Avni Mah. Emektar Sok. No: 18 Gümüşsuyu 34427 İSTANBUL
T: 0212 244 89 82 F: 0212 244 09 48

AHMET HÂŞİM

FRANKFURT
SEYAHATNÂMESİ

İÇİNDEKİLER

Frankfurt Seyahatnâmesi Üzerine

Frankfurt Seyahatnâmesi Hâşim'in, hastalığının son evrelerinde hastalığına çare bulmak adına gittiği Frankfurt üzerine izlenimlerini anlattığı bir seyahatnâmedir. Hâşim, Frankfurt hakkında bir gezi rehberi yazmaktan ziyade tahassüslerini, izlenimlerini, Alman kültürünü anlatmayı tercih etmiştir. 1932 yılının Aralık ayında Milliyet gazetesinde tefrika edilmeye başlayan *Frankfurt Seyahatnâmesi* "Seyahat Notları" başlığı ile yayınlanmıştır. 1933'te basılan kitaba Milliyet gazetesindeki tefrikanın yanı sıra Mülkiye dergisinde yayınlanan iki ve Şehir dergisindeki bir yazı ilave edilir.

Frankfurt Seyahatnâmesi'ni yayına hazırlarken TDK'nin Yazım Kılavuzu'ndaki noktalama ve yazım kurallarına riayet ettik. Hâşim'in üslubuna halel getirmeden günümüz yazımına uygun bir şekilde "görmeğe-görmeye, çizmeğe-çizmeye, bacaklarile-bacaklarıyla, marifetile-marifetiyle" vb. birtakım tasarruflarda bulunduk. Ayrıca ilk baskı ile tefrika metin arasındaki farkları dipnotlarla gösterdik. Bilinmeyen kelimeleri kitabın sonuna eklediğimiz bir sözlükçede vermeyi tercih ettik. Bunu yaparken "Melâli anlamayan nesle aşina değiliz" düsturunca davranıp çok ayrıntıya girmeden, günümüz metinlerinde sık rastlanmayan kelimelerin anlamlarını vermeyi tercih ettik. *Frankfurt Seyahatnâmesi*'ne ek olarak Hâşim'in Mülkiye dergisinde yayınlanan iki metinini de kitabın sonuna ekledik. Ayrıca bir iki tane de olsa dipnotta metinde geçen isimler hakkında bilgi verdik.

Ahmet Hâşim'in *Frankfurt Seyahatnâmesi* özellikle telif süresinin dolmasından sonra birçok kez yayınlandı. Bunların içinde YKY tarafından yayınlanan edisyon kritikli baskı dışarda tutulursa hemen hemen birbirinin aynı kitapların farklı yayınevlerinden yayınlanmış hâllerini okuduk. Bu edisyon, edisyon kritik, sözlük ve döneminin fotoğraflarını yansıtması bakımından ayrıcalıklı. Sonuç ne olursa olsun amacımız Hâşim'in eserlerinin daha geniş bir kitleye yayılmasını sağlamak ve Türk edebiyatına küçük bir katkı sağlamaktır.

Şaban Özdemir

FRANKFURT SEYAHATNÂMESİ

HARİKULÂDE

-Mukaddime-

İnsan, hayatının tatsızlığından ve etrafında görüp bıktığı şeylerin o yorucu alelâdeliğinden bir müddet kurtulabilmek ümidiyle seyahate çıkar. Bu itibarla seyahat "harikulâdelikler avı" demektir.

Keskin akıllılar "harikulâde"nin zamanımızda artık bir manası kalmadığını söyleyebilirler. Harikulâde hiçbir zaman hakikat sahasında mevcut olmamıştır ki bundan böyle yok olsun. Başka bir münasebetle de söylediğim gibi, sırf kendi dimağımızın bir ameliyesi mahsulü olan ve sinema şekli gibi bir membadan dışarıya vuran "harikulâde", birkaç alelâdenin birleşmesinden meydana gelir: Öküz alelâdedir, ağaç alelâdedir, vakta ki öküz ağaca çıkar, harikulâde vücut bulur. Eski milletler, dinleri için lâzım olan ilâhları hep bu düstur ile yaptılar. Yunanlılar, insan bedenini beygir vücuduyla birleştirerek "Centaure" denilen efsanevi mahlûku; Asuriler, insan başını öküz vücudunu ve kartal kanadını hep bir yere getirerek büyük mabutlarını yarattılar.

Bu ameliye, hayal yaratıcı şairin her dakika yaptığı ameliyedir. Hele muvakkat bir şair olan seyyah, yabancı âlemler içinde kendisine ârız olan zaruri cehalet sayesinde etrafını daima uydurucu bir gözün hayretleri ile görecektir: Evliya Çelebi'nin eski Türkiye'si, Comte de Gobineau'nun Afgan'ı ve İran'ı, Pierre Loti'nin İstanbul'u, Paul Morand'ın New York'u ancak seyyah gözünün yoktan yaratıp görebileceği birer harikulâde hayaldir.

İşte şair ve seyyahın bu akrabalığı yüzündendir ki seyahatnâme, hiçbir lisan hünerine muhtaç olmaksızın bir şiir kitabının kardeşidir. Seyahatnâme okumanın tadını öteden beri bilirim. Bütün çocukluğum onları okumakla geçti. Kış geceleri, dışarıda rüzgâr ulurken, bir gaz lâmbasının ışığını göz bebeklerimde, iki altın nokta gibi taşıyarak, zengin bir ateş karşısında, rahat bir koltukta okuduğum o Afrika ve Amerika seyahatnâmelerinin masum ve namuslu üslûbundan aldığım tadı bana az edebi eser verebilmişti.

Bu edebiyatın rengini ve lezzetini pek iyi bildiğim için dıştan ziyade içten bahseden bu renksiz ve vak'asız küçük kitabıma "seyahatnâme" ismini vermekle okuyucuyu aldatmış olmaktan korkuyorum.

A. H.

GECE

Bu bir hastanın yol notları, rüzgârlı, karanlık bir sonbahar gecesiyle başlar.

İstanbul'un denizini sinirli, ufuklarını mürekkep gibi siyah ve Üsküdar taraflarının göklerini uzak bir yangının hafif kırmızılıklarına boyanmış bıraktım. Onun için zifiri bir karanlıkta tren Sirkeci'den ayrılırken sinirlerim iyi değildi.

İnsan geceleyin nasıl yola çıkmaya cesaret eder?[1]

Bunu, bir köşesinde büzülüp kaldığım kompartımanımda siyah siyah düşünmeye koyuldum.

Gece her çeşit kuruntuların kafatasımızın kovuklarından çıkıp hakikat çehreleri takınarak, sürü sürü ortaya dağıldıkları, yeri ve göğü tuttukları saattir.[2] Uyku, geceye bir panzehir gibi mürettep olmasa insan, karanlıklar içinde duyacağı ve göreceği şeylerle kolayca aklını oynatabilir. Uykusu kaçmış bir adam, oturduğu odanın penceresinden kendi bahçesine bile bakamaz; çitlerin genişlediğini demirlerin, taşların, ağaçların, çiçeklerin

---

1 Tefrikada "cesaret edebilir?", şeklinde.
2 Tefrikada "tuttukları korkunç saattir", şeklinde.

en akla gelmez şekillere istihale ederek bir şeyler fısıldaşmakta olduklarını, tüyleri ürpererek görür.

Sonsuz karanlıkları, uzun ve büyük bir burgu gibi delip geçecek olan trenimizin kafası ve gözü, iki üç saat sonra uykunun ve yorgunluğun uyuşturacağı iki makinistin âciz kafası ve gözünden başka nedir? Alevlerin deli ettiği makinelerin bin bir hıyanet ihtimaline karşı bunlara nasıl güvenilebilir? Sonra, karanlıkta çelik yolların asıl sahipleri kimlerdir? Bunlar, herkes uyurken, yıldızlar altında ne işler görür?

Ölüm, canları gece alır; acılar gece çözülür, kaza ve kader, gece işini görmeye koyulur.[3]

Nihayet[4] uyumuşum.

İkinci gün, güzel bir sonbahar güneşi aydınlığı ile neşeli Bulgar kırları içinde uyandım.

---

3 Tefrikada bu cümleden sonra "Geceye nasıl güvenilir?" cümlesi geliyor.
4 Tefrikada "nihayet" sözcüğü yer almıyor.

BULGAR KIRLARI

Ali Naci[1], gayet güzel birkaç makale ile bizi yeni[2] Bulgar medeniyetinden haberdar etmişti. Tanınmış imzalar taşıyan yazılarda edebiyatın payını fazlaca ayırmalı. Usta bir kalem, methettiği şeyin yazısı kadar güzel olduğuna herkesi inandırmayı bir haysiyet meselesi addeder. Onun için yazı, zevk vermekle iktifa etmeyerek öğretmek de[3] istediği zaman gayet eksik bir bilgi vasıtası teşkil eder.[4] Faraza[5] "mango" meyvesini ömründe tatmış olmayana teşbih ile mango yedirmek kabil mi? Cincinatti şehrini görmüş olmayana istiare ile Cincinatti'yi göstermek mümkün mü? Dünyada birbirine tamamen benzer iki şey olmadığına göre[6] yazının başlıca ifade vasıtası olan "teşbih" hakikatte bir tahrif ve taglit vasıtasından başka bir şey değildir.

---

1 Tefrikada "Geçenlerde Ali Naci", şeklinde... (Ali Naci Karacan (1896-7 Temmuz 1955). Gazeteci ve yazar, Milliyet gazetecisinin kurucusu.)
2 Tefrikada "yeni" sözcüğü yer almıyor.
3 Tefrikada "de" bağlacı yer almıyor.
4 "...gayet eksik bir bilgi vasıtası teşkil eder." ifadesi tefrikada "...noksan bir vasıtadır." şeklinde.
5 Tefrikada "faraza" sözcüğü yer almıyor.
6 "göre" sözcüğü tefrikada "nazaran" şeklinde.

Henüz süt, yün ve çoban kokan incili[7] Bulgar kırlarında bir fabrika bacası ormanı görmedim. Bu kırlar, sonradan gördüğüm Macar, Avusturya ve Alman kırları yanında ağza bile alınmaya değer şeyler değildir; bununla beraber bu kırların ne keskin bir belâgati var! Şark folklorunda ismi sık sık geçen "gurbet" denilen şeyin[8] Bulgar kırlarında, tepelere baykuşlar gibi[9] tünemiş, uzakta hazin hazin gözyaşları döktüğü hissedilmez. Bulgar kırları, kurt veya çakal meskeni, karga cevelangâhı[10] bir beyaban değil fakat aynı adamın mülkü olan hudutsuz bir çiftliği andırır.

Burada her ağacın, her taşın, hatta her otun ve dikenin titiz bir sahibi var zannedilir.[11] Bu kırlar, beyaz koyun sürüleri, temiz köy evleri, sulu boya ile renklendirilmiş gibi sıhhatli köylüler[12], çalışan veyahut dinlenen yanık yüzlü[13] sayısız amele kümeleriyle dolu bir hayat bayram yeridir.

Bulgar istasyonlarında kısa duruş müddetince pencereden[14] görebildiklerim: Fikrin henüz ziyaret et-

---

7 Tefrikada "Henüz süt, yün ve çoban kokan incili" ifadesi yer almıyor.
8 "şeyin" sözcüğü tefrikada "şey" şeklinde.
9 Tefrikada "baykuşlar gibi" ifadesi yer almıyor.
10 Tefrikada "karga cevelangâhı" ifadesi yer almıyor.
11 "...titiz bir sahibi var zannedilir." ifadesi tefrikada "...titiz bir sahibi olduğu hissedilir." şeklinde.
12 "... sulu boya ile renklendirilmiş gibi sıhhatli köylüler..." ifadesi tefrikada "...renkli köylüler..." şeklinde.
13 Tefrikada "yanık yüzlü" ifadesi yer almıyor.
14 "pencereden" sözcüğü tefrikada "kompartımanımın penceresinden" şeklinde.

mediği dar alınlar... Sert bakışlı yamasız[15], boz elbiseli köylüler, açıkta et satan perişan[16] kasap dükkânları, dağınık iskemleli, gramofonlu mahalle kahveleri, ötede beride kırılmış aynalar[17] gibi parlayan su birikintileri, çamura bulanmış kaçışan aptal[18] kaz sürüleri vs.[19]

Sofya istasyonunun civarı, yağmurlu bir günde, hudutsuz bir bataklık ve anlaşılan her zaman, nihayetsiz bir süprüntülüktür.[20]

Ali Naci'nin anlattığı yeni[21] Bulgar medeniyeti her nedense istasyonlara yaklaşmıyor.

---

15 Tefrikada "yamasız" sözcüğü yer almıyor.
16 Tefrikada "perişan" sözcüğü yer almıyor.
17 "...ötede beride kırılmış aynalar" ifadesi tefrikada "berber aynaları" şeklinde.
18 Tefrikada "aptal" sözcüğü yer almıyor.
19 Tefrikada "vs." kullanımı ilaahirihi sözcüğünün kısaltması olan "ilh..." şeklinde.
20 Tefrikada bu cümle "Sofya istasyonunun civarı hudutsuz bir bataklık ve nihayetsiz bir süprüntülüktür." şeklinde.
21 Tefrikada "yeni" sözcüğü yer almıyor.

İÇ SIKINTISI

Sekiz saattir şimendiferdeyim.

Tren boş ve neşesiz.

İçim sıkılıyor.[1]

Yolun[2] iki tarafında memleketler, kıtalar akıp gidiyor fakat göz için yeni hiçbir şey yok. Beş dakikada bir pencere değiştiriyorum. Aynı ağaçlar, aynı yollar, aynı dereler, uzun bir baş ağrısı gibi yolun iki tarafında tekrarlanıp duruyor.

Rabbim! Şu manzara dedikleri ne müz'iç bir şeymiş.

Elimde büyük bir şairin harikulâde[3] kitabı var. Trenin anlatılmaz[4] can sıkıntısını gidermek için kitabın büyülü[5] nesrini mi okumalı, yoksa şu pencerelerin dışında bin bir renkle kaynaşan fakat bir türlü değişmesini bilmeyen hayatın dümdüz[6] şeridini mi seyretmekte devam etmeli?..

1 "Sekiz saattir şimendiferdeyim. Tren boş ve neşesiz. İçim sıkılıyor." cümlesi tefrikada "İçim sıkılıyor." şeklinde başlıyor.
2 "yolun" sözcüğü tefrikada "trenin" şeklinde.
3 "harikulâde" sözcüğü tefrikada "harikulâde bir..." şeklinde.
4 "trenin anlatılmaz..." ifadesi tefrikada "trenin o tarif edilmez..." şeklinde.
5 "büyülü" sözcüğü tefrikada "sihirli" şeklinde.
6 "dümdüz" sözcüğü tefrikada "yeknesak" şeklinde.

İşte halledilecek küçük bir mesele.[7]

Gerçi hayat, kitaba sığmayacak kadar geniştir fakat tekerrürlerle doludur.[8] Kitap, tabiatta en büyük olan şeyin yani insanın en güzel balını taşımak itibariyle tabiatın genişliğini haiz olmaya muhtaç olmaksızın ona üstündür. Tabiatta insanın en büyük şey olduğuna şüphe etmemeli. Zira en karanlık bir Afrika'nın en kuzgunî bir vahşisi bile en âkil bir fil, en müdebbir bir karınca ve en kâmil bir baobap ağacına zekâca bir milyon kere faiktir.

---

7   "İşte halledilecek küçük bir mesele." cümlesinin yerinde tefrikada "Kitabı tercih ediyorum." cümlesi yer alıyor.
8   "Gerçi hayat, kitaba sığmayacak kadar geniştir fakat tekerrürlerle doludur. Kitap…" ifadesi tefrikada "Gerçi hayat kitaba sığmayacak kadar geniştir fakat kitap…" şeklinde.

İnsan zekâsı, tabiatın içinde değil, tabiatın yanında, ayrı[9] bir kuvvettir. Tabiatı beğenmediği için değil midir ki insan zekâsı; şiiri, mimariyi, musikiyi, raksı ve onların yanında, büyük küçük şu bir sürü hayat sanatlarını yaratmıştır? Hayatımıza tat veren derin zevklerin hakiki yaratıcısı olan insan zekâsının[10] halis bir mahsulü olduğu için kitap, tabiattan büsbütün ayrı, ondan daha lezzetli ve ondan daha dinlendiricidir.

Kitabımı okuyorum.[11]

---

9 "ayrı" sözcüğü tefrikada "müstakil" şeklinde.
10 "…insan zekâsının…" ifadesi tefrikada "zekânın" şeklinde.
11 Bu cümle tefrikada yer almıyor.

KIMILDAMAYAN IŞIKLAR

Seyahat ne kadar rahat ve eğlenceli olursa olsun yine için için, anlaşılmaz bir endişe tohumu taşır. En iptidai ve ağır kervan yürüyüşlerinden en süslü ekspres ve en mutantan vapur seyahatlerine kadar yolculuğun bütün çeşitlerini tecrübe ettim, hepsinde de aynı gizli acının içimi ısırdığını duydum.

Akşam, yolculuğun en keskin duygu saatidir.

Yolcu üzerinde karanlığın bu tesiri nereden geliyor?

Uzaklardan, insanlığın ta ilk hayvanî gecelerinin hatıralarından...

Gece korku vaktidir. Göz artık vazifesini yapamadığı için yanlış şeyler görmeye başlar. Her gölge oyunu, her ot titreyişi, her yaprak kımıldayışı bir düşman yaklaşması hissini verir. Sinirlerin diken diken olduğu bu karanlık saatlerde hayvanların birçoğu için toplanmaktan, tünemekten veya ine çekilip uzanmaktan ve yatmaktan başka yapacak bir iş yoktur. Elektriğin keşfine rağmen medeni şiir, vahşi şiir gibi hâlâ gece başlangıcının getirdiği hüzünden ve karanlığın uyandırdığı faciadan bahseder.

Gecenin karanlıkları içinde seyyah nedir? İnine girmemiş, yolunu şaşırmış ve her an bir düşmanın pençesine şikâr olmak tehlikesine maruz kalmış titrek ve zavallı bir hayvandır. Vagonların çelik şangırtısı veya geminin uskur gürültüsü içinde, esrarengiz bir talih işaretine doğru giden bir yolcu için sahilin her kımıldayan ışığı, yerlerini ve âdetlerini değiştirmeye lüzum görmemiş makul insanların mesut bir toplanma noktasıdır. Yolcu o ışıklara baktıkça kendisini siyah rüzgârlar eline düşüren deliliğini düşünür ve uzaklarda bıraktığı ılık bir oda ile dost bir lambayı içi sızlayarak hatırlar.

SİNEK

Bir sinek bir kartalı kaldırıp yere vurdu.

Yunus Emre

Sinekten[1] nasıl kurtulmalı?

Ne memleket, ne iklim değiştirmek, ne de her tarafı cilalı ceviz tahtalarla parıl parıl yanan Avrupa ekspresiyle seyahat etmek bunun için kâfi değil!

Öğle yemeğinden sonra sinirlerim uyuştu, ufak bir uyku kestireyim diye[2] kompartımanımda uzandım. Havada vızıltıdan murabbalar, müsellesler, daireler, helezonlar çizen on on beş sinekten bir tanesi[3] beni gözüne kestirdi; süzülüp dudağımın bir kenarına kondu ve bir kurşun ağırlığıyla etime yapıştı. Herkes gibi sineklerin ahlâkını az çok bilirim, onlarla zıt gitmeye gelmez. Bana musallat olanın teslimiyetimi görüp nihayet defolacağını umarak kımıldamadım ve müthiş bir sabırla

---

1 "sinekten" sözcüğü tefrikada "sineklerden" şeklinde.
2 "...kestireyim diye" ifadesi tefrikada "kestirmek ümidiyle..." şeklinde.
3 "...bir tanesi..." ifadesi tefrikada "birisi" şeklinde

benden[4] uzaklaşmasını bekledim. Ne gezer! İğrenç böcek, düşüncemi anlamış ve sinirlerimin tahammül kabiliyetini ölçmek istiyormuş gibi, gitmek şöyle dursun, bilakis yarım harap ettiği asabımı son haddine kadar aşındırmak için konduğu yerde daha derin yerleşerek, ıslak hortumu ve soğuk bacaklarıyla derimin üzerinde ağır ağır, küçük küçük ürpertici daireler çizmeye koyuldu. *"İşkenceler Bahçesi"*[5] isimli kitapta anlatılan Çin azaplarını kat kat geçen[6] bu müthiş işkence altında fazla dayanamadım. Kırılan bir zemberek[7] gibi bir an içinde bütün sabrım boşandı, gözüm karardı, acayip, siyah ışıklar görmeye başladım ve irademi kaybederek can havliyle kalkıp[8] var kuvvetimle havayı tokatladım. Fakat boş.[9] O andan itibaren sinekle aramda baş döndürücü bir inat kavgası başladı. Ben çabaladıkça, o bir an için havalanıyor[10] ve elimin hareket kavsi bitince sanki gülerek süzüle süzüle[11] aynı yere gelip konuyor ve etimin üzerinde başladığı işkenceye rahatça devam ediyordu. Başım dönmeye başladı, çıldırmış gibi yerimden

---

4 Tefrikada "benden" sözcüğü yer almıyor.
5 Octave Mirbeau'nun romanı.
6 *"İşkenceler Bahçesi* isimli kitapta anlatılan Çin azaplarını kat kat..." ifadesi tefrikada "Çinlilerinkini..." şeklinde.
7 "Kırılan bir zemberek gibi.." ifadesi tefrikada "Bir zemberek gibi..." şeklinde.
8 "kalkıp" sözcüğü tefrikada "fırlayıp" şeklinde.
9 "Fakat boş." ifadesi tefrikada "Boş" şeklinde.
10 "havalanıyor" sözcüğünden önce tefrikada "müstehziyane" sözcüğü yer alıyor.
11 Tefrikada "süzüle süzüle" ifadesi yer almıyor.

fırladım ve kompartımanımı muzaffer sineğe terk ede-
rek kendimi koridorlara atmaktan başka bir[12] kurtuluş
çaresi bulamadım.

---

12 Tefrikada "bir" sözcüğü yer almıyor.

ALMAN GECESİ

Macaristan'dan ve Avusturya'dan itibaren içerde ve dışarda her şey bana değişmiş göründü.[1] Geçilen memleketlerin medeniyet ölçüsü olan vagon restoran hizmeti ve hat boyunda manzaralar... Sembolist şairlerin bütün o titrek hayalleri karşımda hakikat[2] olmuştu: Zümrüt çayırlar ortasında pırıl pırıl akan pembe akşam dereleri... Bunların kenarında gümüş yaprakları hafif rüzgârlarla oynaşan mesut kavaklar... Oyuncaklar gibi en tatlı renklere boyanmış beyaz tül perdeli köşkler...[3] Bunların etrafında otlayan sıhhatli, altın tüylü[4] öküzler... Geçen[5] trene bir an bakmaya tenezzül edip başını çeviren baygın kadın bakışlı[6] mağrur sarı beyaz inekler...

Demiryolun[7] iki tarafındaki tarlalar, kıymetli atlaslar[8] gibi, temizlenmiş, ayıklanmış, taranmış, ekilmiş,

---

1 "...her şey bana değişmiş göründü." ifadesi tefrikada "her şey değişmişti." şeklinde.
2 Tefrikada "hakikat" sözcüğünden önce "şimdi" sözcüğü yer alıyor.
3 "...perdeli köşkler..." ifadesi tefrikada "sevimli köşkler ve.." şeklinde.
4 Tefrikada "tüylü" sözcüğü yer almıyor.
5 Tefrikada "geçen" sözcüğü yer almıyor.
6 "bakışlı" sözcüğü tefrikada "gözlü" şeklinde.
7 "Demiryolun" sözcüğü tefrikada "Hattın" şeklinde.
8 "kıymetli atlaslar" ifadesi tefrikada "giran-baha atlas parçaları " şeklinde.

biçilmiş ve ayrı renklerle yan yana ta ufuklara kadar uzanıyordu.

Belli idi ki büsbütün başka kudretlerle mücehhez bir insanın yaşadığı bir âleme girmiştik.

Avusturya-Almanya hudut şehri olan "Passau"a girince bütün bu değişmeler benim için[9] büsbütün akla hayret verici bir mahiyet almıştı. Sanki bildiğimiz tren ansızın büyümüş, genişlemiş, eşya[10] somlaşmış ve kibarlaşmıştı.

Dışarda büyük bir istasyon mimarisi... Geniş rıhtımlar... Havada elektrik saatlerinin ışıklı işaretleri... İstikamet gösteren oklar... Birtakım iri harfler[11]... Spor, dağ ve göl ilanları... Temiz tabaklar içinde elma, armut, üzüm satan ve[12] sattıkları meyveler kadar pembe, sıhhatli, tertemiz giyinmiş çocuklar ve kızlar...

"Passau"a kırk dakika gecikerek gelen trenimiz kaybettiği vakti[13] Alman hatları üzerinde de muhafaza edemeyeceğinden, o istasyondan sonra gecenin karanlıklarına bir yıldırım çılgınlığıyla saldırmaya başladı.[14] İçinde deliler gibi koştuğumuz gecenin yeniliğini[15] tadabilmek maksadıyla[16] kompartımanımın lambaları-

---

9 Tefrikada "benim için" ifadesi yer almıyor.
10 "eşya" sözcüğü tefrikada "eşyalar" şeklinde.
11 "Birtakım iri harfler..." ifadesi tefrikada "büyük harfler" şeklinde.
12 Tefrikada "ve" sözcüğünün yerine virgül kullanılmış.
13 "kaybettiği vakti" ifadesi tefrikada "bu teahhuru" şeklinde.
14 "başladı" sözcüğü tefrikada "başlamıştı" şeklinde.
15 Tefrikada "yeniliğini" sözcüğünden önce "benim için" ifadesi yer alıyor.
16 "tadabilmek maksadıyla" ifadesi tefrikada "tadabilmek için" şeklinde.

nı[17] söndürdüm. Trenimizin bir an içinde geçtiği büyük istasyonlar ve bir iki dakika içinde bitirdiği şehirler, penceremin karanlık camı üzerinde korkunç birer[18] kibrit gibi büyük bir hışırtıyla parlayıp[19] sönüyordu. Dışarıda, gök gürültüleri ve şimşek parıltıları zannettiğim şeyler, sadece yanımızdan akıp geçen fabrikaların, müthiş gürültüsü ve körletici aydınlığı idi. Sanki demirciler ilahı Topal Vulcain'in diyarına[20] girmiştik.

Bu sırada gözüm kıvılcımlı, dumanlı[21] semada ne tarafa gideceğini şaşıran bizim zavallı aya ilişti. Bu sarı ve perişan çehre[22] bir gurbetzedenin acınacak çehresiydi.

---

17 "lambalarını" sözcüğü tefrikada "lambasını" şeklinde.
18 "birer" sözcüğü tefrikada "bir" şeklinde.
19 Tefrikada "parlayıp" sözcüğünden önce "bir anda" ifadesi yer alıyor.
20 Tefrikada "diyarına" sözcüğünden önce "hayali" sözcüğü yer alıyor.
21 Tefrikada "kıvılcımlı, dumanlı" ifadesi yer almıyor.
22 "çehre" sözcüğü tefrikada "çehresi" şeklinde.

VARIŞ

Seyahatimin hedefi "Frankfurt"a[1] gece yarısından sonra, ikiye yirmi kala[2] vardık; gecikmiş[3] saate rağmen derinden derine her taraftan[4] makine gürültüleri duyulan bu ticaret[5] ve sanayi şehrine muhteşem ekspresimizden kaç kişi indi tahmin edersiniz?[6] Yalnız[7] iki kişi: Ben. Bir de midesinden rahatsız genç bir Romanyalı.

Çelikten, camdan ve mermerden yapılmış girift ve havai güzelliği hakkında ancak Belçikalı büyük şair Verhaeren'in şiirlerinin fikir verebileceği büyük istasyonun kocaman cam holü altında, boş rıhtım üzerinde iki yorgun seyyahın uykulu ayak sesleri ne gülünç akisler yapıyordu.

Gerçi Avrupa'nın en büyük istasyonlarından biri olan Frankfurt istasyonuna günde girip çıkan trenlerin adedi "100" ile sayılmaz fakat uzaklardan, ta İstan-

1 Tefrikada "Frankfurt"a sözcüğünden önce "olan" sözcüğü yer alıyor.
2 "kala" sözcüğü tefrikada "kalarak" şeklinde.
3 Tefrikada "gecikmiş" sözcüğünden önce "bu" sözcüğü yer alıyor.
4 "taraftan" sözcüğü tefrikada "tarafından" şeklinde.
5 Tefrikada "ticaret" sözcüğünden önce "muazzam" sözcüğü yer alıyor.
6 Tefrikada "indi tahmin edersiniz?" ifadesi "inse beğenirsiniz?" şeklinde.
7 "Yalnız" sözcüğü tefrikada yer almıyor.

bul'dan, Balkanlardan, Budapeşte ve Viyana'dan gelen büyük bir ekspresin rıhtıma bıraktığı yük iki hastadan ibaret olduğuna bakılırsa,[8] bu etrafta mağrur çeliklerini büken[9] Merihî çerçevenin hakikatte sessiz bir facia dekorundan başka bir şey olmadığına inanmalı.

İlk adımda bitmiş bir Almanya ile karşılaşmıştık.[10]

İstasyondan dışarı çıktık. Düşünceli iki hamal çantalarımızı sırtlamış bizi, ismini verdiğimiz civar bir[11] otele götürüyor. Konuşarak arkalarından geliyoruz. Etraftaki sessizlik ve boşluk o kadar derin ki gayet yüksek demir direkler üzerinde etrafa keskin bir elektrik ışığı dağıtan sayısız fenerlerin gündüz gibi aydınlattığı meydanın asfaltı üzerinde ayaklarımız, iri takunyalar giymiş gibi gülünç patırtılar yapıyor ve seslerimiz, bir hamam kubbesi altında konuşuyormuşuz gibi nispetsiz akisler uyandırıyordu.

---

8 "ibaret olduğuna bakılırsa" ifadesi tefrikada "ibaretse" şeklinde.
9 Tefrikada "büken" sözcüğünden önce "binbir nakışla" ifadesi yer alıyor.
10 "bitmiş bir Almanya karşılaşmıştık" ifadesi tefrikada "büyük buhranın feci çehresiyle karşılaştık" şeklinde.
11 Tefrikada "civar bir" ifadesi yer almıyor.

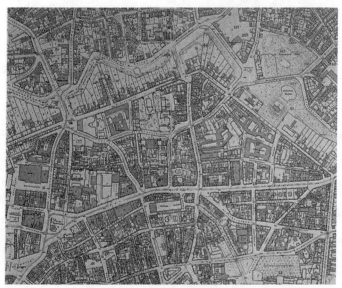

Frankfurt şehir planı 1921/26

BÜYÜK BİR AVRUPA ŞEHRİ

Hayatında büyük bir Avrupa şehri gören bir adam kendini, sonradan göreceği bütün büyük Avrupa şehirlerini evvelden görmüş addedebilir. Bu şehirler o kadar birbirinin eşidir.[1]

"Frankfurt" ehemmiyetsiz bir yer zannedilmesin. Eskiden Alman kayserlerinin taç giyme merasimi burada yapılırdı; meşhur Heidelberg darülfünunu onun manevi çemberi içindedir; Wiesbaden, Homburg, Nauheim gibi eski Rus prensleriyle İngiliz milyonerlerinin toplandığı en şık Avrupa kaplıcaları, hudutsuz parkları, zengin gazinoları, hayal dolu gölleri, siyah ve beyaz kuğuları, heykelleri ve fıskiyeleriyle, hep onun etrafındadır. Hele nüfusunun onda iki nispetinde Yahudi olduğunu söylemek, bu şehrin iş itibariyle de ne büyük bir faaliyet merkezi bulunduğunu anlatmaya kâfidir. Yahudiler[2] büyük kuşlar gibidir. Onların havada şu veya bu istikamette uçuşu, yerde, büyük hayat cereyanlarının ne tarafa aktığını gös-

---

1 Tefrikada bu cümleden sonra "o kadar farksızdır!" ifadesi yer alıyor.
2 "Yahudiler" sözcüğü tefrikada "Altın gözlü Musa'nın çocukları" şeklinde.

terir. Frankfurt'un eski büyük refahından şimdi, sefalete düşmekte olduğunu, Yahudilerin[3] artık şimale hicret etmekte olduklarından anlıyoruz.

Gece karanlığında içine girdiğimiz bu büyük Avrupa şehrini ikinci sabah[4], binaları, caddeleri, mağazaları ve kalabalığıyla görünce[5] kendimde en ufak hayrete benzer bir şey duymadım. Zira karşımdaki o[6] büyük hayat cezr u meddinin ismi Frankfurt olduğu gibi, pekâlâ Paris, Londra, Viyana veya Budapeşte de olabilirdi.

Garabete düşmeden iddia edilebilir ki büyük bir *action*[7] medeniyeti olan Avrupa medeniyeti çerçevesinde şeklin fikirden fazla ehemmiyeti vardır[8]. Kafası[9] ne olursa olsun, bir insanın Avrupalı unvanına hak kazanmak için muhakkak sırtında bir ceketi, ayağında bir pantolonu ve başında şu veya bu biçimde bir şapkası olmak lâzım. Bu hazin ve renksiz kıyafet, medeniyetin üniformasıdır[10].

---

3 "Yahudilerin" sözcüğü tefrikada "bu büyük kuş sürülerinin" şeklinde.
4 "sabah" sözcüğü tefrikada "ikinci günün güneşi bana" şeklinde.
5 "görünce" sözcüğü tefrikada "gösterince" şeklinde.
6 Tefrikada "o" sözcüğü yer almıyor.
7 "action" sözcüğü tefrikada "fiil" şeklinde.
8 "vardır" sözcüğü tefrikada "var" şeklinde.
9 "kafası" sözcüğü tefrikada "başının içindeki" şeklinde.
10 Tefrikada bu ifadelerden sonra şu cümleler geliyor: "Kulağına doğru çekilmiş sakalıyla, başında pembe veya yeşil koca sarığıyla, ayaklarında gondol biçimi renkli pabucu ile şu Pencaplı veya Lahorlu genç, tanıdığı bütün Oxford şehadetnamelerine rağmen, şu iri karınlı Frankfurtlu sucuk tüccarı gözünde yine bir jungle kaçkınından başka bir şey değildi."

Ganj suyu bakraçları ve mukaddes keçileri ortasında, beyaz kefenine[11] sarılıp bağdaş kurarak Londra'ya seyahat eden[12] Gandi hazretlerinin ağzından çıkacak sözler dinlenmeden o[13] acayip kılığının Avrupa matbuatında nasıl müthiş bir skandal yaptığını hepimiz hatırlarız[14].

Büyük Avrupa şehirlerinin bu şekil[15] yeknesaklığına inzimam eden diğer bir tatsızlığı da artık hayali heyecana getirecek hiçbir "sırr"ı ihtiva etmemelerinden ileri geliyor. Bu şehirlerin hayatını yer altından ve havadan tanzim eden müthiş makine ve elektrik mucizeleri, şimdi mektep kitaplarında çocuklara öğretilen birtakım basit şeylere istinat ediyor. Bunları bilmek, seyahatin mükâfatı olan hayreti ortadan kaldırıyor.[16]

Karşımda sanki[17] yüz seneden beri tanıdığım fakat sekiz saatten beri misafiri olduğum Frankfurt'a baka-

---

11 "kefenine" sözcüğü tefrikada "kefene" şeklinde.
12 "eden" sözcüğü tefrikada "buyuran" şeklinde.
13 "o" sözcüğünden önce tefrikada "evvel" sözcüğü yer alıyor.
14 Tefrikada "...Avrupa matbuatında nasıl müthiş bir skandal yaptığını hepimiz hatırlarız." ifadesi "...nasıl müthiş bir skandal gibi medeniyet matbuatını işgal ettiğini hepimiz biliriz." şeklinde. Ayrıca tefrikada bu cümleden sonra: "Şekil garabeti mihanikî Avrupa için bir ihtilal cesareti gibi şaşırtıcı ve sinirlendiricidir. Anlaşılan bunun içindir ki ekser Avrupa ihtilalcileri kıyafet maskaralığı ile işe başlamışlardır. Vaktiyle Paris sokaklarında Asur rahibi cüppesi ve sakalıyla dolaşan "Sarpaladan" gibi ve bugünkü Hitlerciler gibi." paragrafı geliyor.
15 "şekil" sözcüğü tefrikada "görünüş" yer almıyor.
16 "kaldırıyor" sözcüğü tefrikada "kaldırmıştır" şeklinde.
17 "sanki" sözcüğü tefrikada yer almıyor.

rak eski altın şehirleri, o hayal[18] sislerinde yarım görünen "Kartaca"yı, "Sidon"u, "Babil"i, "Ninova"yı düşünüyorum.

Yedi seyyareye göre yedi renge boyanan tepelerinde görünmez müneccimlerin, anlaşılmaz hesaplar yaptığı geniş merdivenli kuleler... Granit ve altın sütunlu yaklaşılmaz mabetler... Bunların tehlikeli karanlığında[19] düşünen ilâhlar[20]... Ve bu yabancı ilahların tüyler ürpertici sırıtkan kırmızı[21] çehreleri...

Gerçi bu eski şehirlerde Frankfurt'un palaslarındaki rahatı ve lokantalarındaki zengin listeleri bulamazdım fakat o cellat[22] şehirlerinde, uzaktan gelen yabancı için[23] ne kuvvetli hayretler ve ne keskin[24] ürpermeler vardı.

---

18 "hayal" sözcüğü tefrikada "hayalin" şeklinde.
19 "bunların tehlikeli karanlığın" ifadesi tefrikada "bu tehlikeli mabetlerin karanlığında" şeklinde.
20 "ilâhlar" sözcüğünden önce tefrikada "arslan vücutlu, kartal kanatlı, insan başlı" ifadesi yer alıyor.
21 "kırmızı" sözcüğü tefrikada "sarı" şeklinde.
22 "cellat" sözcüğü tefrikada "o kırmızı cellatlar" şeklinde.
23 "için" sözcüğünden önce tefrikada "seyyah" sözcüğü yer alıyor.
24 "keskin" sözcüğü tefrikada "müthiş" şeklinde.

CADDELER

Sabah kahvaltısından sonra otelimden çıktım. Bana şimdilik her şeyi kapalı olan[8] Frankfurt caddelerinde gelişigüzel dolaşıyorum. Seyyahın[2] yabancı kaldırımlar üzerinde göze çarpan bir acayip hâli var. Gözleri[3] etraftaki izahatsız eşyayı kavramak için yataklarından lüzumundan gazla fırlamışlardır;[4] kulakları[5] ise işittiklerinin manasını seçebilmek[6] mezbûhâne gayretiyle, sersemleşmiş başının iki yanında asabi yapraklar gibi dikilmişlerdir. Victor Hugo'nun İstanbul'u gören meşhur patlak gözlü adamı bir karikatür değil, seyyahın daima doğru kalacak olan bir portresidir. Frankfurt caddelerinde, kaba-

---

8 "Bana şimdilik her şeyi kapalı olan" ifadesi tefrikada "Bana bir Sfenks gibi şimdilik her şeyi muamma olan" şeklinde.
2 "seyyahın" sözcüğü tefrikada bu cümledeki "göze" sözcüğünden önce kullanılmış.
3 "gözler" sözcüğü tefrikada "gözleri" şeklinde.
4 "fırlamışlardır" sözcüğü tefrikada "fırlamış" şeklinde.
5 "kulaklar" sözcüğü tefrikada "kulakları" şeklinde.
6 Burada bir sözcük eksik "için, amacıyla, gayretiyle" gibi bir sözcük olmalı.

rık dikkatlerimle, kendimi bu karikatüre dönmüş his-
sediyorum.[7]

Etrafıma bakınıyorum. Hayalimizde bile görmedi-
ğimiz kadar geniş, hendesî, temiz,[8]pergel ve zevkin
müşterek eseri, nihayetsiz caddeler...[9] Bu caddeler
o kadar mükemmel şeyler ki bunları "gördüm" diye
ayrıca not etmeyi kendimce lüzumsuz bir iş addetmi-
yorum.[10]

Büyük ve zengin camekânları, henüz elifini bilme-

---

7 "hissediyorum" sözcüğü tefrikada "duyuyordum" şeklinde.
8 "temiz" sözcüğünden önce tefrikada "mamur" sözcüğü yer alıyor.
9 "caddeler" sözcüğünden sonra tefrikada "her istikamete doğru uzanı-
   yor." ifadesi yer alıyor.
10 "addediyorum" sözcüğü tefrikada "addetmedim" şeklinde.

diğimiz bir göz avlama sanatının zalim incelikleriyle düzeltilmiş mağazalar... Sabahın pembe aydınlığında parıl parıl yanan kocaman billur camların arkasında adi bir meyve, çiğ bir biftek, bir cep defteri, bir halı, bir stilo, firuzeden bir bilezik veya pırlanta bir gerdanlığın korkunç cazibesiyle gözü çekiyor.[11] Caddelerin sağında ve solunda tıpkı İkinci Friedrich'in meşhur piyadeleri gibi sert, bir hizada dizilmiş[12] ve mağrur cepheleri baştan başa ticari altın yazılarla[13] kaplanmış granit renginde hayat kaynağı koca binalar... Bunların[14] bana verdiği göz zevkinden burada[15] ayrıca bahsetmeyeceğim. Yalnız "pencereler" üzerinde duracağım:[16] Arkalarında kış fidanlarının kırmızı çiçekleri ve iri yeşil yapraklarının tembel tembel dinlendiği, silinmiş büyük kristal[17] camlı, bembeyaz tül perdeli mesut Frankfurt pencereleri! Hastane, kışla, köşk, mağaza ve mektep pencereleri, burada hep Alman kadının[18] eliyle, ruhu aynı mahrem hülyalarla deli edecek gizli bir saadet marifetiyle süslendirilmiştir. Yalnız Alman pencerelerinin sırrını kavrayıp getirecek olan bir kimse, kendini memleketi-

---

11 "gerdanlığın korkunç cazibesiyle gözü çekiyor" ifadesi tefrikada "gerdanlığın şaşaa ve cazibesine kolayca yükselebilmiştir" şeklinde.
12 "dizilmiş" sözcüğü tefrikada "dizilen" şeklinde.
13 "ticari altın" ifadesi tefrikada "altın ticari" şeklinde.
14 "bunların" sözcüğü tefrikada "binaların" şeklinde.
15 "burada" sözcüğünden önce tefrikada "de" bağlacı yer alıyor.
16 Bu cümleden sonra tefikada "Pencereler, pencereler..." ifadesi yer alıyor.
17 "kristal" sözcüğü tefrikada yer almıyor.
18 "kadının" sözcüğü tefrikada "kadın" şeklinde.

ne güzel bir hizmet yapmış addedebilir.

Fakat bu muhteşem sokak dekoru[19] içinde ne garip işler gören adamlar göze çarpıyor: İyi giyinmiş, iyi taranmış, yüzü rahat birtakım efendiler, caddelerin muhtelif noktalarında küme küme durarak şarkı söyleyip mızıka çalıyorlar. Ne var? Bir umumi neşe mi, bir bayram mı var? Hayır, ne neşe ne de[20] bayram! Bunlar Almanya'nın adedi günden güne artan sefalet habercileri, işsizleri, dilencileridir.

Gelip geçenlerin yolunu terbiyeli bir tebessümle kesen ve teneke kutular uzatıp kâğıttan[21] sarı, pembe, beyaz çiçekler dağıtan şu adamlar ne istiyor? Bunlar da artık Almanya'yı ağzına kadar dolduran sayısız sakat, yetim, fakir, hasta cemiyetlerinin sadaka toplayıcılarıdır.

Sarı bezden uydurma bir avcı üniforması, üzerinde uydurma bir kayış, uydurma bir matara ve bir muhayyel müstakbel seferin uydurma teçhizatıyla erken süslenmiş şu bayağı çehreli adamlar kim?[22] Bunlar "Hitler" askerleridir.[23] Etrafa yan bakarak, sessiz ve karanlık dolaşan kırmızı kravatlı gençler kim? Bunlar da Hitlercilerden daha hayırlı olmayan komünistlerdir.[24]

19 "dekor" sözcüğü tefrikada "sokak dekoru" şeklinde.
20 "de" bağlacı tefrikada yer almıyor.
21 "kâğıttan" sözcüğü tefrikada yer almıyor.
22 "şu bayağı çehreli adamlar kim?" ifadesi tefrikada "şu yılışık gençler ne?" şeklinde.
23 "Bunlar Hitler askerleridir." cümlesi tefrikada "Bunlar hasta Alman bünyesinde biten Hitler mantarlarıdır." şeklinde.
24 "kırmızı kravatlı gençler kim? Bunlar da Hitlercilerden daha hayırlı olmayan komünistlerdir." ifadesi tefrikada "gene tuhaf kıyafetli şu kırmızı kravatlı komünistler de Alman toprağı üzerinde Hitlercilerden

Akşam oluyor: Lacivert gece, binbir ışık beneğiyle caddeleri dolduruyor; karanlık köşelerde siyah mantolarına sarılmış birtakım korkak, genç kadın çehreleri belirdi. Bunlar bir değil, iki değil, belki binlerden fazla! Bunlar ne?[25] Bunlar da açlığın günden güne artırdığı kıt müşterili Alman gece fahişeleridir.

Almanya pembe ve büyük bir elmadır. Fakat içi kurtludur.[26]

---

daha hayırlı bir nebat değil." şeklinde.

25 "Bunlar ne?" cümlesi tefrikada yer almıyor.

26 "Fakat içi kurtludur." cümlesi tefrikada "Fakat ne yazık ki bu elmanın içini şimdi müthiş bir kurt kemiriyor." şeklinde.

FRANKFURT a. M. Goethe-Denkmal.

"FAUST"UN MÜREKKEP LEKELERİ

Frankfurt'a gelene herkesin sorduğu şunlardır:[1]
– Eski şehri gezdin mi?
– Rothschild'in evine gittin mi?
– "Goethe"nin evini gezdin mi?

Frankfurt şehri meşhur zengin Rothschild'in ve şair "Goethe"nin vatanı olmakla iftihar eder. Vardığımın ilk günü "Goethe"nin evine koştum. Romanyalı hasta arkadaşımla beraber.

Gün pazardı. Eski bir İstanbul sokağını andıran gürültüsüz, tenha, temiz, loş bir sokakta eski bir İstanbul konağının tokmaklı kapısı önünde durduk ve bir elektrik zilin düğmesine dokunduk. "Goethe" ne kadar büyük bir şair olursa olsun, ölümünden yüz sene sonra, bütün duvarları, bahçeleri, meydanları taze sarı çiçeklerle dolduran bu neşeli ve güneşli sonbahar sabahında loş bir sokaktaki loş evinde kendine kâfi bir müşteri kalabalığı bulabileceğini pek de ummuyordum. Şahlanan maddiyetin ruhunu ifna etmesi icap ediyorsa, artık

---

1 "Frankfurt'a gelene herkesin sorduğu şunlardır:" cümlesi tefrikada "Her Frankfurt'a gelene herkesin sorduğu sualler şunlardır:" şeklinde.

harikulade fenni keşifleri sayılamayacak bir hâle gelen, semada koca "zeppelin"i uçurup kuşları eski bir makine gülünçlüğüne düşüren, Atlantik'te "Bremen" vapurunu işitilmemiş bir hızla kaydıran, hava azotundan "suni gübre", odundan "şeker", kömürden "benzin" çıkaran şu altın gözlüklü, kenevir saçlı, golf pantolonlu kimya muharebesi hazırlayıcıları genç "Herr doktorlar" vatanında eski bir şairden başka bir şey olmayan "Goethe"yi ölümünden yüz sene sonra ziyaret edecek iki kişi bile bulunamaz diye düşünüyordum. Meğer aldanmışım. Bir mezara inecekmişim gibi soğuk bir ürperme ile açılan kapıdan içeriye girince hayretten donakaldım. Burada ruhun aydınlığı bir şafak ziyası gibi yüzümüze vurdu. Evin içi talebe yaşında çocuklardan, kızlardan, şık kadın ve erkeklerden, yaşlı efendilerden müteşekkil gayet temiz ve müteheyyiç büyük bir kalabalıkla dolu idi. Bunların hepsi de Alman'dı, yani bizim gibi tecessüsün oraya çektiği seyyah ve yabancı nev'inden vâhi ve lakayt bir gölge yığını değildi.

"Frankfurt"un zengin iki üç ailesinden birine mensup olan "Goethe"nin konağı kuyulu idi. O zamanlar kuyusu olmak bir aile için mühim bir imtiyazdı. Ancak Rothschildlerin, Goethelerin kuyusu vardı. Umum için sokakta çeşmeler akardı. Mutfakta "Goethe" ailesinin muhteşem kuyusuna hürmetle baktık. Mutfağın duvarları üzerinde dizili duran elli, altmış tatlı ve pasta kabı

"Goethe"nin annesinin ne sıcak bir ev kadını olduğunu gösteriyordu. Ev, olduğu gibi muhafaza edilmişti. Bütün pencereler eskisi gibi çiçekli ve tül perdeliydi. Şairin hatırası bu evin her tarafında nefes alıyordu. Yüz sene evvel içinde can verdiği oda, memleketin her tarafından yeni gönderilmiş çelenk yığınları ile dolu idi. Sanki şairin cesedi henüz kaldırılmamıştı ve havada esen şan ve şerefinin ıtrı o sabah açmış iri bir kırmızı gülün kokusu gibi taze ve kuvvetliydi.

Nihayet şairin çalışma odasına vardık. Kafileye kılavuzluk eden memur, üstü baştan başa mürekkep lekeleriyle kaplı eski bir yazı masası önüne gelip de "Goethe; Faust'u bu masa üzerinde yazdı. Bu lekeler Faust'un lekeleridir." dediği zaman kalabalığın son hadde varan merakı ve heyecanı, ışık hâlinde gözlerden taştı. Herkes o mukaddes gölgeleri yakından görmek için medeni nezaketi unutarak masaya yaklaşmak üzere kendine bir yol açmaya çalışıyordu. Bu hayran gözlerde lekeler, mürekkep lekeleri değil fakat bir edebi lacivert semada, namütenahi yıldız serpintileri idi.

TİCARET

Büyük Türk edibi dostum Yusuf Ziya, gidişim münasebetiyle yazdığı kısa bir şaheserde seyahatimin sebebini anlatmıştı:[1] Ölümden[2] beni kurtarmış olan dostlarım ve yüksek kıymetli doktorlarım İhsan Rifat ve Fazıl Şerafeddin Beylerin tensibiyle, İstanbul'da tedavisi kısmen yapılan böbreklerim hakkında[3] fikrini almak üzere "Frankfurt"a, mütehassıs Profesör Volhard'ı[4] görmeye gitmiştim.[5]

1 "Büyük Türk edibi dostum Yusuf Ziya, gidişim münasebetiyle yazdığı kısa bir şaheserde seyahatimin sebebini anlatmıştı:" cümlesi tefrikada "Büyük Türk edibi arkadaşım Yusuf Ziya, Cumhuriyet'teki sütununda bana tahsis ettiği kısa bir şaheserde seyahatimin cinsini anlatmıştı." şeklinde.

2 "ölümden" sözcüğü tefrikada "muhakkak bir ölümden" şeklinde.

3 "hakkında" sözcüğünden önce tefrikada "ve yüreğim" ifadesi yer alıyor.

4 Franz Volhard (2 Mayıs 1872-24 Mayıs 1950) Alman tıp profesörü. Birçok üniversitenin değişik birimlerinde çalıştı. 2. Dünya Savaşı'nda Alman ordusu için çalıştı. Savaştan sonra işine dönebilen nadir insanlardandır. 1930 yılında yayınladığı Tuzsuz Yağlı Besinler adlı kitabı diyet uzmanlarının standartlarını belirlerdi. Akciğerlerdeki sıvı toplanması üzerine geliştirdiği tedavi önceleri kabul görmese de 2. Dünya Savaşı yıllarında yaygın bir şekilde uygulandı.

5 "mütehassıs Profesör Volhard'ı görmeye gitmiştim." ifadesi tefrikada "dünyanın en yüksek mütehassıs[ı] Profesör Volhard'ı görmeye gelmiştim." şeklinde.

Gayet usta bahçıvanların düzelttiği[6] büyük bir bahçede belediye[7] hastanesi içinde ayrı bir bina teşkil eden Volhard kliniğine gittim zaman, bir müze veya bir güzel sanat akademisi kapısından giriyorum zannettim. Bu klinik,[8] fennin manasını ters anlamış birtakım dar kafalı zevksiz ve anlayışsız adamların kurduğu bir yer değildi.[9]

Altmış yaşına rağmen henüz yemyeşil bir çınar tazeliğiyle duran ve hastanenin merdivenlerini bir kedi süratiyle çıkan güzel kumral sakallı, neşeli ve şakacı Profesör Volhard, bu güzel binanın bütün hayatı idi.[10]

6 "düzelttiği" sözcüğü tefrikada "makaslarıyla düzeltilmiş" şeklinde.

7 "belediye" sözcüğünden önce tefrikada "Frankfurt" sözcüğü yer alıyor.

8 "klinik" sözcüğü tefrikada "kliniğin" şeklinde.

9 "bir yer değildi" ifadesi tefrikada "bir yer olmadığı belli idi" şeklinde.

10 "bu güzel binanın bütün hayatı idi" ifadesi tefrikada "mümtaz asistanları, yüksek edebiyat okuyucusu, sanat dostu ve musiki tiryakisi

Volhard'ın kliniği yalnız böbrek ve yürek hastalıklarının tedavisi yeridir. Üç katın bütün o şık ve temiz odaları yürek acılarından oraya düşmüş genç[11] ve güzel kadınlarla dolu idi. Onun için kliniğin hafif havasında iğrenç kloroform veya asit fenik tebahhuratı yerine hafif pudra ve mahrem lavanta kokularının uzak, hisli seyyaleleri dolaşırdı.[12] Klinikte[13] başlıca ilaç, "tuz" yememek ve hâl-i tabiîde en çok tuzu olan[14] süt içmemekten ibaretti.[15] Zira burada tuz, böbrek, yürek, damar ve damar tazyikinin en büyük ve belki de yegâne düşmanı sayılıyordu.[16] Hastalara Almanların keşfettiği ve alelâde tuzdan hemen hiç farkı olmayan "Citrovin" isimli bir madde veriliyordu.

Bir gün doktorlarımdan birine bu tuzun beni ne kadar memnun bıraktığından, hiçbir şey düşünmeyerek[17]

Doktor Luirmann; insanlığı, arkadaşlığı, vefakârlığı emsalsiz genç Doktor "Lauer", bu güzel binanın hayatı ve kuvvet kaynakları idi." şeklinde.

11 "genç" sözcüğünden önce tefrikada "birçok" sözcüğü yer alıyor.

12 "dolaşırdı" sözcüğü tefrikada "dolaşıyordu" şeklinde.

13 "klinikte" sözcüğü tefrikada "burada" şeklinde.

14 "olan" sözcüğü tefrikada "ihtiva eden" şeklinde.

15 "ibaretti" sözcüğü tefrikada "ibarettir" şeklinde.

16 "Zira burada tuz, böbrek, yürek, damar ve damar tazyikinin en büyük ve belki de yegâne düşmanı sayılıyordu." cümlesi tefrikada "Zira tuz, böbrek[in], yüreğin, damarın, damar tazyikinin en büyük düşmanı sayılıyordu." şeklinde. Ayrıca bu cümleden sonra tefrikada "Tecrübelere göre yirmi dört saatte uzviyete girecek bir gram tuz bile böyle hastaların büyün sıhhat muvazenesini bozmaya ve şiryan tevettürünü birkaç derece yükseltmeye kifayet eder." cümlesi yer alıyor.

17 "düşünmeyerek" sözcüğünden önce tefrikada "söz arasında ve" ifadesi yer alıyor.

bahsetmiştim. Doktor, bir hastasının bu kıymetsiz memnuniyetini, büyük bir takdir nişanesi gibi hemen o gün telefonla fabrikaya bildirmişti. Niçin? Bilmiyorum![18]

Bir sabah kahvaltımı yaparken bana mutantan bir zarf getirdiler. Bu mektup "Citrovin" fabrikasından[19] geliyordu. Tuzları hakkında doktoruma göstermiş olduğum memnuniyetten dolayı bana hararetle teşekkür ediyor[20] ve fabrikayı gezmekliğim rica edilerek, ikinci gün saat onda bir otomobilin klinik[21] önünde emrime amade bulunacağı bildiriliyordu. Ertesi günü, denilen saatte şık bir araba beni ve hastane arkadaşım Vedat Fuat Bey'i alarak şehir dışındaki "Chemiwerk" fabrikasına götürdü. Bizi en ince bir nezaketle her tarafı bembeyaz ve zemini kan kırmızı modern bir bekleme salonuna aldılar. Az sonra bizi kabul eden[22] müdür-i umûmî Mr. Ablmann, fabrikada göze çarpan güzellik ve temizlikten aldığımız intibadan hassaten mütehassis göründü, dedi ki:[23]

---

18 "Niçin bilmiyorum?" cümlesi tefrikada yok. Onun yerine "Bu ehemmiyetsiz vaka bana Alman ticaret zekâsının ve aynı zamanda bu millete mahsus nezaket mihmannüvazlığının kısa bir zamanda binbir tesellisini göstermeye kâfi geldi." cümlesi yer alıyor.
19 "fabrikasından" sözcüğü tefrikada "fabrikasının müdüriyet-i umumiyesinden" şeklinde.
20 "ediyor" sözcüğü tefrikada "ediliyor" şeklinde.
21 "klinik" sözcüğü tefrikada "kliniğin" şeklinde.
22 "az sonra bizi kabul eden" ifadesi tefrikada "dakikası altın kadar kıymetli olan" şeklinde.
23 "dedi ki" ifadesi tefrikada yer almıyor.

"On sene evvel bir küçük odadan ibaret olan bu gördüğünüz koca fabrikayı yaparken şunu ispat etmek istedim: Elinde bir fen aleti tutan adamın her türlü güzellik hislerinden mahrum, kaba ve fena adam[24] olması lazım gelmez; bir fabrikanın da siyah, kirli ve müteaffin bir yer olması icap etmez. Görüyorsunuz ki sözümü tutmuşum. Memurlar ve amele burada neşe ile çalışırlar[25] ve akşam işleri bitince, bir mahbesten çıkar gibi, kendilerini sokağa dar atmazlar.[26]

Hiçbir ticari[27] kıymeti olmayan bu iki ziyaretçiye[28] fabrikanın her tarafını uzun uzun gezdirdikten sonra onları en büyük itinalarla yine geldikleri[29] yere gönderdiler. Aynı gün öğleden sonra fabrikadan bir telefon: Fabrika[30] bizi akşam için bir eğlence yerine davet ediyordu. Umumi kâtip Mösyö "Haas" fabrika davetlilerine[31] eğlence yerlerinde kadınsız bir bekâr grubu çirkinliği vermemek için genç nişanlısını da bize katmıştı.

Böyle hiçten başlayan bu münasebet tedricen o şekil aldı ki artık her gün Mösyö Ablmann sıhhatimi ya

---

24 "adam" sözcüğünden önce tefrikada "bir" sözcüğü yer alıyor.
25 "çalışırlar" sözcüğü tefrikada "çalışıyorlar" şeklinde.
26 "kendilerini sokağa dar atmazlar" ifadesi tefrikada "kara alınlarıyla kendilerini sokağa atmazlar" şeklinde.
27 "ticari" sözcüğü tefrikada "tüccari" şeklinde.
28 "ziyaretçiye" sözcüğünden önce tefrikada "vâhi" sözcüğü yer alıyor.
29 "geldikleri" sözcüğünden önce tefrikada "otomobille" sözcüğü yer alıyor.
30 "fabrika" sözcüğü tefrikada "Mösyö Albmann" şeklinde.
31 "Umumi kâtip Mösyö Haas davetlilerine" ifadesi tefrikada "Son dakikada çıkan bir mani dolayısıyla müdür-i umumiye, kâtibi Mösyö Haas vekâlet etti. Bu genç ve sevimli adam davetlilerine" şeklinde.

bizzat ya telefonla soruyor ve her akşam Mösyö "Haas" bana hastanede geç vakitlere kadar arkadaşlık ediyordu. Frankfurt'tan ayrıldığım gece, garda, sabahın beşinde beni uğurlamaya gelen dostlar arasında Mösyö "Haas" da duygulu bir çehre ile duruyordu.[32]

32 Bu cümleden sonra tefrikada "Bu dostluğun talihini karie bırakıyorum." cümlesi yer alıyor.

HASTA

"Hasta" telakkisi bizde ve orada ne kadar birbirinden ayrı şeylerdi! Bizde hasta cezalandırılması lâzım bir kabahatli ve her türlü cefalara lâyık bir mücrimdir. Nabzınız fazla[1] attı mı, hararetten yüzünüzün derisi azıcık[2] kızardı mı, hemen zalim çehreli fen ve cellat suratlı şefkat başucunuzda iki zebani gibi dikilir. Tatsız tuzsuz yemekler yutmak, iğrenç mayiler içmek, kapalı odalarda günlerce mahpus kalmak, kalın hırkalar giymek, korkunç kuşaklar sarmak ve başında yığın yığın sargılar taşımak gibi işkencelere bizde "tedavi" ismi verilir. Bu anlattığımız hasta kılığıyla sahneye çıkacak bir adam seyircileri kahkaha ile[3] güldürmekten emin olabilir. Fransız tiyatro müellifi[4] "Moliere" en eğlenceli[5] eşhasından birini bu "hasta" tipinden çıkarmıştır.

Denilebilir ki bizde bin sene evvel "hasta" ne ise bugün de hasta odur. Kağnı gibi hasta da hiçbir tekâmüle mazhar olmamıştır.

1 "fazla" sözcüğü tefrikada yer almıyor.
2 "azıcık" sözcüğü tefrikada yer almıyor.
3 "kahkaha" sözcüğü tefrikada "katıla katıla" şeklinde.
4 "müellifi" sözcüğü tefrikada "mudhikenuvisi" şeklinde.
5 "eğlenceli" sözcüğü tefrikada "güldürücü" şeklinde.

* * *

Şifa vasıtası oldukları şüpheli fakat hastalıktan ayrı bir elem ve ıstıraba sebep oldukları muhakkak olan bu iptidai işkence malzemesinin, orada[6] artık tarihe bırakıldığını tedavim sırasında gördüm. Régime yemeklerinin tiksinilmeyecek bir hâle getirilmesi bugün birçok fen adamlarının çalışma mevzuunu teşkil ediyor. Şimdi birçok koca kimya fabrikaları, hasta yemekleri için lâzım gelen evsafı haiz baharlar, tuzlar, sirkeler, turşular, salçalar, şekerler yapıyor ve hastalığa karşı tahammülü kolaylaştırmaya çalışıyor.[7] Hatta et yiyemeyenler için bir nevi nebatî et yapıldığını ve bundan kotlet, fileto, biftek pişirildiğini işitmiştim.[8] Bilmem mübalağa mı? Hastanın ağız ve burun hakları bu suretle tatmin edildikten sonra "göz" hakkına da riayet edilerek, karşısında ıstırabın kötü çehresini peçelemek maksadıyla[9] hastane binaları zengin büyük bahçeler, uzun gül tarhları, havuzlar ve fıskiyeler ortasında yükseltilmiştir.[10] Bu bedii çerçeveyi temiz kıyafetli hasta bakıcıların neşeli çehreleri canlandırır. Buralarda acıyı

---

6 "orada" sözcüğü tefrikada yer almıyor.
7 "kolaylaştırmaya çalışıyor" sözcüğü tefrikada "kolaylaştırıyor" şeklinde.
8 "işitmiştim" sözcüğünden önce tefrikada "orada iken birisinden" ifadesi yer alıyor.
9 "maksadıyla" sözcüğü tefrikada "üzere" şeklinde.
10 "ortasında yükseltilmiştir" ifadesi tefrikada "içinde yükseltilmiş, camları temiz pencerelere tül perdeler asılmış ve kenarlarına kırmızı saksılar dizilmiştir" şeklinde.

hatırlatan hiçbir şeklin, hiçbir rengin, hiçbir kokunun hastalara kadar sokulup ruhu rahatsız etmesine meydan verilmez.

"Volhard"ın kliniğinde, muayene ve ilaç saatlerinden sonra, bütün hastalara olduğu gibi bana da her gün şehre gidip gezmemi, hele akşamları tiyatrolara gitmemi[11] ve içki olarak bir kadeh bira içmemi ısrar[12] ile tavsiye ederlerdi. Hastanın böyle gezintilerden alacağı zevk ve onların vereceği yorgunluklara karşı göstereceği mukavemet tedavide takip edilecek birer yol işareti idi.[13] Fakat ben, böyle tavsiyeler karşısında kalınca acayip bir gıcıklanma duyar ve gayri ahlaki bir iğva sesi duyan bir kimse gibi kızarırdım.

Zira ben bir İstanbul hastası idim!

11 "tiyatrolara" sözcüğünden önce tefrikada "ve sinemalara" ifadesi yer alıyor.
12 "ısrar" sözcüğü tefrikada "sıra" şeklinde.
13 "tedavide takip edilecek birer yol işareti idi" ifadesi "doktorlar için birer takip edilecek yol işareti idi" şeklinde.

BİR ZİHNİYET FARKI

"Yalan" büyük bir kıymettir. Zamanlarının en medenisi ve medeniyetleri, ruh itibariyle, bugün bile erişilmez bir model addedilen eski Yunanlılar, "yalan"ı "Hermés" isminde genç ve güzel bir ilâhın şekliyle temsil ederlerdi. Hermés'in ağzından altın zincirler akardı, bunlar dinleyeni söyleyenin ağzına bağlayan sözün ve yalanın sihirli bağları idi.

"Esthétique" işleriyle az çok meşgul olanlar bilir ki olmuş vakaların doğru anlatılışı gayet kötü eserler meydana getirir. Yalanın ilâhî nefesi üzerlerinden geçmedikçe ne ses, ne renk, ne taş, ne tunç sanat eserine[1] istihale edemez. "Güzel", "yalan"ın çocuğudur.

Yalanı en güzel kullanmış olanlar eski Şarklılardır. Onun içindir ki bugünkü sukutuna maruz kalmadan evvel Şark masalı ve Şark adabı yalanın altın çiçekleri idi. [2] Şark'ın içerilerine girdikçe "yalan"ın daha büyük

---

1 "sanat eserine" sözcüğü tefrikada "sanata" şeklinde.
2 "Şark masalı ve Şark adabı yalanın altın çiçekleri idi. Şark'ın içerilerine" ifadesi tefrikada "Şark masalı ve şiiri emsalsizdi. Şark masalı ve adabı yalanın altın çiçekleri idi." şeklinde.

nispette hayatta rol aldığı görülür. İnce ve artist Japonların adabında muhataba "hayır" demek yoktur.

* * *

Frankfurt'taki klinikte gece nöbetini yapan hemşire; taze,[3] temiz, sporcu bir Alman kızıydı. Gözünün bebeğinden, ruhunun dibini görmek güç değildi. Akşamın sekizinden sabahın sekizine kadar, her gece, bütün hiddetli zil seslerine, genç, yaşlı, sinirli veya bunak türlü türlü hastaların ağrısına, bağırmasına, şımarıklı-

---

3 "taze" sözcüğü tefrikada "genç" şeklinde.

ğına, nöbetine aynı sükûnla, aynı tebessümle koşan ve her içine girdiği odaya bir şefkat serinliği getiren bu kızın[4] hizmetinden o derece memnundum ki bir gün söz arasında ve bir iltifat olsun diye:

– Seni İstanbul'a götürelim, dedim.

Tabii benim için buna imkân yoktu. Bu sadece bir nezaket yalanı idi.

Kız cevap vermedi. On gün geçti. Bir akşam, ben çağırmadan odama geldi. Çehresi sevinç ışıkları içindeydi:

– Teklifinizi mektupla anama babama bildirmiştim. Şimdi cevap aldım. İstanbul'a girmem için müsaade veriyorlar.

Donakaldım!

---

4 "kızın" sözcüğünden önce tefrikada "genç" sözcüğü yer almıyor.

ALMAN AİLESİ

Yürümenin, gezmenin hatta eğlenmenin sıhhatim işlerine dahil olduğunu söylemiştim. Onun için bazen dizlerimde derman olmadığı hâlde, yine şehre gitmeyi ihmal etmezdim. Vakitleri müsait oldukça sevgili Türk etüdyanları da[1] bu gezintilerde bana arkadaşlık ederlerdi. Gündüz vakit geçirecek yer bulmakta müşkülat çekmezdik: Bahçeler, caddeler, ormanlar, müzeler, büyük kahveler bize açıktı. Fakat gece, gidilecek yer[2] bulmak halledilmez bir[3] mesele olurdu. Frankfurt gecelerinin karanlığı kadar fakir bir karanlık bilmiyorum. Kahveler yeknesaktır, kabareler soğuk ve tenhadır. Varyete tiyatroları eğlencesizdir, dansingler tatsızdır, sinemalar ise lisan bilmeyen bir adam için birtakım ahmakça resimlerin birbirini kovaladığı[4] bir sinir ve iç sıkıntısı yeridir. Ne yapmalı? Bazı akşamlar saatlerce gidilecek bir yer araştırmakla uğraşır ve nihayet bir şey bulmayarak meyus, her gün gittiğimiz ve havasından artık

1 "da" bağlacı tefrikada yer almıyor.
2 "yer" sözcüğünden önce tefrikada "bir" sözcüğü yer alıyor.
3 "bir" sözcüğünden önce tefrikada "çetin" sözcüğü yer alıyor.
4 "kovaladığı" sözcüğü tefrikada "takip ettiği" şeklinde.

bize usanç[5] gelen "Viyana Kahvesi"nin altın tavanları altında sığınır ve o dinlendirici, yumuşak koltuklarına bitkin, kendimizi atardık.

Bu bahse[6] dair bir Alman dostumuzla muhavere:

– Altı yüz bin nüfusluk bir şehir için eğlence fukaralığının bu derecesi[7] garip değil mi?

– Almanya'da eğlence şehri "Berlin"dir. "Berlin" dünya geceleri içinde bir ziya ahtapotu gibi yayılmış, diğer bütün medeni eğlence merkezlerinin kanını emiyor.[8]

---

5 "usanç" sözcüğü tefrikada "gına" şeklinde.
6 "bahse" sözcüğü tefrikada "bu iç sıkıntısı bahsine" şeklinde.
7 "fukaralığının derecesi" ifadesi tefrikada "fukaralığı" şeklinde.
8 Cümle tefrikada "ve kanını alıyor" şeklinde devam ediyor.

"Frankfurt"a gelince o; bütün ikinci derece Alman şehirleri gibi ahalisi saat onda horlayan tatsız bir aile şehridir. Burada yalnız aile saadeti aramalı.

Frankfurt'ta nişanlanmış olan bir dostumuz şu "aile saadeti" sözü üzerine güldü:

– Bugünkü Alman ailesinin saadeti hakkında size bir fikir vermek üzere kendi ailemi anlatayım:

Kaynatam	Demokrattır.
Kaynanam[9]	Katolik fırkasındandır.
En büyük baldızım	Komünisttir.
Ortanca "	Nasyonal sosyalisttir.
En ufak "	Nasyonalisttir.
Oğlan çocuk	Merkez fırkasındandır.

Her akşam soframızda bu altı zıt akidenin muharebeleri olurdu. Evvela münakaşalar, bağırmalar, sonra sinir buhranları, ağlamalar ve nihayet bayılmalar... Komünist baldızımın kolları bağlanıp bir odaya hapsedilinceye kadar bizde rahat yemek yemenin imkânı yoktur.[10]

---

9 "kaynanam" sözcüğü tefrikada "kayınvalidem" şeklinde.
10 Paragraf tefrikada "Harp ertesi buhranları, Almanya'yı yalnız dıştan değil, içten de harap etmiştir." cümlesiyle sona eriyor.

SİNCAPLAR, KUŞLAR VESAİRE

Odam birinci katta. Pencerem bahçenin[1] tenha ve yemyeşil bir[2] köşesine bakar. Yalnız kaldığım zamanlar bu pencerenin önünde oturur, çimenlere, ağaçlara, rüzgâr elinde yaprakların oynaşmasına[3] bakar, böylece gözlerimi eğlendirirdim. Bu bahçe köşesinde kuşların pencereme kadar yaklaşması ve bir böcek parçası için kanat kanada dövüşmesi ne eğlenceli idi! Hele ağaçlardan inen kına renkli sincabın çimenler üzerinde sıçraya sıçraya gitmesi, ikide bir yerde bulduğu yiyeceği elleri arasına alıp, iki ayağı üzerinde kalkması ve küçücük gözleriyle etrafı gözetleyerek kemirmesi ne dinlendirici bir tabiat ve safvet levhası idi!

Sincapları yakından tanırım. Çocukluğum dağlık, yabanî bir memlekette geçti. Orada biz çocuklara, oyuncak yerine ayı yavrusu, karaca, sansar, tilki veya sincap getirilirdi.

Üst katta, sandık odasında dolaplar arkasında til-

---

1 "bahçenin" sözcüğü tefrikada "büyük hastane bahçesinin" şeklinde.
2 "bir" sözcüğü tefrikada yer almıyor.
3 "oynaşmasına" sözcüğü tefrikada "oyununa" şeklinde.

kilerimiz saklanırdı; bahçede büyük bir ağacın gölgesinde esir bir kartal, tayyare genişliğindeki kanatlarını germiş, pençelerini tutan koca bir zinciri şıngırdatırdı; ayı, homurdanarak bahçenin yüksek duvarları üzerinde dolaşır ve kurşun hızıyla uzaklara[4] taş atardı. Kurnaz ve çevik sincapları evde tutmak kabil değildi; getirildikleri gün boyunlarına geçirdiğimiz parlak çıngıraklı kırmızı tasmalarıyla ellerimizden kaçar[5] ve büyük çitlembik ağacının sık yaprakları içinde kaybolurlardı. Günlerce bahçemizin ağaçları, bir yerde durmayan esrarengiz ince çıngırak sesleriyle çınlar dururdu.

Bu derece korkak bir hayvanın Frankfurt Hastahanesi bahçesinde hemen hemen insan bacakları arasında böyle[6] emniyetle dolaşması bana hayret verirdi.

Fakat oralarda bu dostluk yalnız sincaplara münhasır değildir. Umumi parklarda serçeler gelip parmaklara konar, kumrular omuzlara yerleşir, göllerde ve havuzlarda altın gözlü balıklar kendilerine uzanan ele dostça yaklaşırlardı.[7]

Hayvanla insanın bu güzel arkadaşlığına, gördüğüm bütün Avrupa şehirlerinde tesadüf ettim.[8] Bu dostluk bazı yerlerde hayvana bir nevi şımarıklık bile[9] vermiştir.

---

4 "uzaklara" sözcüğünden önce tefrikada "oradan" sözcüğü yer alıyor.
5 "kaçar" sözcüğü tefrikada "kaçarlar" şeklinde.
6 "böyle" sözcüğü tefrikada "bu kadar" şeklinde.
7 "yaklaşırlardı" sözcüğü tefrikada "yaklaşırlar" şeklinde.
8 "tesadüf ettim" ifadesi tefrikada "şahit oldum" şeklinde.
9 "bile" sözcüğü tefrikada yer almıyor.

Venedik'te "San Marco" Meydanı'nda seyyahlar, hatıra fotoğrafı çıkartmak için ellerinde yem, güvercinlerin tenezzül edip yaklaşmalarını beklerler.[10] Bir gün kuşların iltifatına bir türlü mazhar olamayan şişman bir kadının asabiyetten hıçkıra hıçkıra ağladığını görmüştüm. Kuşlar her nedense bu kadını sevmemişti.[11]

---

10 "beklerler" sözcüğünden önce tefrikada "dakikalarca" sözcüğü yer alıyor.

11 Tefrikada şu şekilde devam ediyor: "Paris civarında Anyer'de, güzel yontulmuş taşları, hazin kitabeleri, çiçekleri, parmaklığı ve bekçileri ile bir köpek mezarlığından bana bahsetmişlerdi. Frankfurt'ta da bir kedi darülacezesinin bulunduğunu söylediler. İkisini de görmeye vakit bulamadığıma müteessifim. Hayvan muhabbetinin böyle gülünçlüğe kadar mübalağa edildiği bu memleketler, bütün mahlûkatın sarmaş dolaş olduğu neşeli bir "Buda" cennetine benzer. Fransız sokaklarında Salib-i Ahmer mekteplerinde terbiye görmüş köpekler, kör dilencilere kılavuzluk ederler; güneşte başlarına hasır şapka geçirilen ve serin havalarda da palto giydirilen vakarlı sıhhatli beygirler kamçıyla değil tatlı sözlerle idare edilirler.

Hayvanın böyle insana dost yapılabildiği bir memlekette insanların hep güler yüzlü olduğunu, herkesin birbirini edeple selamladığını, çocukların büyüklere hürmetle yol verdiğini, sokaklarda kavga ve dövüşe hiç tesadüf edilmediğini, bulaşık sarhoş naraları işitilmediğini, halkın birtakım haysiyet kırıcı ayrılıklara tâbi tutulmadığını, şimendiferlerde, tramvaylarda bir tek mevki bulunduğunu ve bütün meslek farklarına rağmen herkesin aynı mevkide seyahat edecek kadar karşılıklı bir saygı taşıdığını söylersem size, şaşacağınız bir şey söylemiş olmam."

SONBAHAR

Sonbahar aylarında, kendisiyle birlikte, tenha Yakacık kırlarında al meyveli "kocayemiş" fidanları arasında dolaştığımız bir Fransız dostum bana daima derdi ki:

- Sizin sonbaharınız olamaz çünkü ağaçlarınız az ve teşrinlerde sararıp dökülen yapraklarınız nâ-kâfi. Sonbaharı gelip de bizim memleketlerde görmeli...[1]

Fransa'ya birçok defalar seyahat ettim. Fakat ikametlerim hiç sonbahara tesadüf etmemişti.[2] Bu sefer Avrupa sonbaharını Frankfurt dağlarında doya doya seyrettim. Hâlâ gözlerim, gördüğü o muhteşem şeyin yığın yığın ihtiyar altınlarıyla kamaşmakta...

* * *

Almanya'da on on iki seneden beri yerleşmiş ve şimdi Frankfurt'a yakın kibar Homburg köyünde şık bir moda mağazası salonu sahibi olan ve müşterileri arasında[3] eski Kayzer'in karısı ve kızları bulunan aziz

---

1 "memlekette görmeli" ifadesi tefrikada "memleketlerde görünüz" şeklinde.

2 "etmemişti" sözcüğü tefrikada "edememişti" şeklinde.

3 "arasında" sözcüğü tefrikada "meyanında" şeklinde.

hemşehrimiz Niyazi Bey, beni bir pazar günü köyüne öğle yemeğine davet etti. Bizi yünlü bir spor kostümü içinde, sıhhatten her tarafı gülen pembe bir çehre ile karşıladığı istasyonda hemen şunu teklif etti:

– Yemekten evvel otomobille bir dağ gezintisi yapalım...

Hayretle kabul ettim. Zira kafamdaki büyün dağ mefhumları uzak, sert, vahşi ve korkunçtu. Çocukluğumda gördüğüm Kürdistan dağlarını düşündüm: Erimez karlarla parlayan çatallı tepelerini mor ve kızıl fırtınaların boğuştuğu kızgın ufuklar üzerine sıralayan o karanlık renkli devler gözümün önüne geldi. Bu dağların gecelerinde, büyük alevler etrafında ısınmaya çalışan pos bıyıklı eşkıya halkalarını, sinsi canavar baskınlarını, derin derelerin dibinde yılanlar gibi sürüklenerek çağlayan suların feryadını hatırladım. Bu yaman dağların hayalini hatırımdan silkince, bu sefer Anadolu'nun yorgunluktan yere çökmüş, tüyleri dökük develeri[4] andıran o hüzün, ölüm ve yokluk çıkıntıları gözümün önüne geldi: Hiç dağda gezinti mi olur?[5]

Otomobile bindik ve uzun bir asfalt yol üzerinde koşmaya koyulduk. İstanbul Belediyesi'nde terbiyesini yapan bir adama göre asfalt bir yol nerede başlar ve nerede biter? En işlek bir yerde başlar ve fakat en münasip ve en[6] yakın bir yerde ansızın kesilmek için.[7] Hayretle görüyordum ki otomobilimizin tekerlekleri altında serilen siyah yol hiçbir noktada inkıtaa uğramıyor, mütemadiyen açılan bir seccade gibi ufuklara uzanıyor, tepelere tırmanıyor ve sonu gelmez ovalarda büyük çaprazlar çiziyordu. Nihayet otomobilimiz durdu "Tonoz Dağı"nın bir yüksek noktasına varmıştık. Mamur bir ormanın ortasında indik.

Hava bulutlu ve üzerinde durduğumuz tepe rüzgârlı idi. Ağaç denizinin üzerinde büyük gölgeler kımıldanı-

---

4 "develeri" sözcüğünden önce tefrikada "büyük" sözcüğü yer alıyor.
5 "mi olur?" ifadesi tefrikada "yapılır mı?" şeklinde.
6 "en" sözcüğü tefrikada yer almıyor.
7 "kesilmek için" ifadesi tefrikada "kesiliverir" şeklinde.

yor, dallarda uzanan[8] hışırtılar, ağaçtan ağaca sürüklenerek ormanın kızıl derinliklerinde kayboluyordu. Orman yapraklarının bir kısmı yerleri kaplayan sonbahar çemenlerinin üzerine dökülmüş, bir kısmı da henüz dallarında idi. Fakat yerde ve daldaki yaprakların hepsi de[9] kırmızı ve sarı idi. O kadar kırmızı ve o kadar sarı ki güya büyük bir yangının alevleri ormanın her tarafını[10] sarmış ve bütün ağaçlar büyük birer meşale hâlinde bu bulutlu sonbahar seması altında sessiz bir yanışla yanıyorlardı. Çürümüş yaprak, nemli toprak ve yağmurlu bulutların elektrikli seyyarelerini koklaya koklaya akşam alacalığını andıran bu serin sonbahar[11] esmerliği içinde bu hayalî altın yangının seyrine hayretle daldık.[12]

---

8 "uzanan" sözcüğü tefrikada "uyanan" şeklinde.
9 "de" bağlacı tefrikada yer almıyor.
10 "tarafını" sözcüğü tefrikada "tarafından" şeklinde.
11 "sonbahar" sözcüğü tefrikada "hazan" şeklinde.
12 Paragraf "Bu tabiat değil, sanat eseri gibi bir şeydi." cümlesiyle devam ediyor.

BULUTLU HAVA

Bazı sabahlar, hasta bakıcım gelip beni muayyen saatte uyandırmasa pencere camlarında geceyi gündüzden ayıracak en ufak bir aydınlık farkı görmediğim için gece[1] hâlâ devam ediyor zannıyla yatağımdan kalkmazdım.

Biz kendi bulutlu havalarımıza bakarak Avrupa'nın bir yağmurlu gününün ne olduğu hakkında fikir edinemeyiz. Bu, büsbütün ayrı, nefes kesici, sinirlendirici, ağlatıcı, deli edici bir şeydir. Eski Yunanlıların ve Latinlerin *Paien* cehenneminde hüküm süren yarım aydınlık, işte Avrupa'nın bu bulutlu havası olacak. Hakikaten cehenneme layık bir alacalık!

O külrengi sabahlar başımı yastıktan kaldırınca alnım bulutlara çarpacak ve beynim dağılacak diye korkardım. Gözümü açar açmaz bana bütün sevdiklerimin ölüm haberini vermişlermiş gibi bir demir pençenin sıktığı yüreğimde birtakım gözyaşları sellerinin akacak yol bulmak[2] üzere vücudumun duvarlarına başvurdu-

---

1 "gece" sözcüğünden önce tefrikada "soluk" sözcüğü yer alıyor.
2 "bulmak" sözcüğü tefrikada "aramak" şeklinde.

ğunu, bir bağırma, dövünme, yırtma ve kırma ihtiyacının asap tellerimi tiril tiril titrettiğini duyardım.

Yavaş yavaş yatağımdan iner, gürültü çıkarmamaya çalışarak terliklerimi ayağıma geçirir ve korka korka aynaya yaklaşırdım: Asılmış bir Çinli çehresini andıran altın sarısı bir donuk maske içinde, bebekleri hadden fazla büyümüş gözlerim, bir facia aktörünün o mıhlı bakışı ile bana bakarlardı.

Bu bulutlu[3] günler klinikteki odam, bana içinde gömüldüğüm bir mezar hissini vermeye başlardı. O zaman doktoru, ilacı her şeyi unutarak beni aramaya gelecek dostları da beklemek için kendimde bir saniyelik sabır bulamayarak, şemsiyesiz kendimi sokağa

3 "bu bulutlu" ifadesi tefrikada "böyle" şeklinde.

atardım. Bu zift rengindeki yağmurun soğuk sularıyla ıslanmak benim için bir uyuşma ve dinlenme olurdu.

Bir tramvay, bir otomobil, bir kamyon altında kalmak tehlikelerinin birinden öbürüne atlayarak, istikametsiz, hedefsiz, deli gibi caddelerde dolaşırdım. Fakat bu çılgın yürüyüşlerde yağmurlu havanın öldürücü sıkıntısına, konuşulan dili bilmemenin anlatılmaz[4] boğuculuğu inzimam ederdi.[5]

Hastanede,[6] Fransızcama bildiğim birkaç İngilizce kelime ve orada öğrendiğim iki üç Almanca tabiri karıştırarak garip bir lisan halitası vücuda getirmek ve buna birçok el işaretleri katmak, bazen de istediğim şeyin kâğıt üzerinde resmini yapmak suretiyle, en basit fikirlerimi karşımdakilere yarım yamalak anlatabilirdim. Gerçi Alman mekteplerinde Fransızca okutulmaz değildir fakat Almanya'da Fransızca konuşmak ihtiyacını kimse duymadığı için mektebin öğrettiğini hayat çabucak unutturuveriyordu.[7]

---

4 "anlatılmaz" sözcüğünden önce tefrikada "o" sözcüğü yer alıyor.
5 Bir sonraki paragraf tefrikada şöyle devam ediyor: "Ben Fransızca bilirim. Fakat bizde hâlâ Avrupalılığın ve ileriliğin başlıca alameti zannedilen Fransızca, maalesef Fransa haricinde Fransız İsviçresi ve Flaman Belçikası'ndan ve İstanbul'dan başka hiçbir yerde konuşulmuyor. Bütün Avrupa milletlerinin, kendi öz dillerinden ayrı, aralarında bir anlaşma vasıtası olarak kullandıkları evvela İngilizce sonra Almancadır. Asya ve Amerika da Avrupa'nın yalnız bu lisanlarına rağbet gösteriyor. Bu dillerin cahili olan adam, koskoca Avrupa kıtası içinde bir dilsiz gibi kalıyor."
6 "Hastanede" sözcüğünden önce tefrikada "Ben" sözcüğü yer alıyor.
7 "unutturuveriyordu" sözcüğü tefrikada "unutturuveriyor" şeklinde.

Yağmurlu caddelerde gözümün gördükleri, tabii olarak, kafamda "fikir" oluyordu. Fakat konuşacak bir kimse bulamayan bu fikirler mahpus arılar gibi kafatasımın dört duvarına kendilerini vurmaya başlayınca, varlığımın alçaldığını, bir kaptan gizlice akan su gibi insanlığımın yavaş yavaş azaldığını[8] ve hâsıl olan bu boşluğa bir nevi hayvan zekâsının karanlıkları dolmaya başladığını duyuyordum.[9]

Düşünürdüm:

"Ya şimdi yere düşsem, elim ayağım kırılsa, üstümden bir otomobil geçse ben ne yaparım? Halk beni saracak,[10] ismimi, memleketimi, yerimi soracaklar, ben ise asfalt üzerinde kaymış bir araba beygiri gibi etrafımdakilere sessiz bakmaktan başka ne yapabilirim?"

O zaman dünyanın en güzel bahçelerinden biri olan Frankfurt Hayvanat Bahçesi'ne koşardım ve bu gurbet diyarında, yağmurlu havada, demir kafeslerin arkasında, yaşlı gözlerle kendilerini seyre gelenlere dalgın dalgın bakan dilsiz hayvanlara bir kardeş acısıyla bakardım.

---

8 "azaldığını" sözcüğü tefrikada "azaldığını duyar" şeklinde.
9 "dolmaya başladığını duyuyordum" ifadesi tefrikada "dolmaya başlardı" şeklinde.
10 "halk beni saracak" ifadesi tefrikada "etrafıma halk toplanacak" şeklinde.

BEŞ ALMAN'IN KEYFİ İÇİN

Gürültüsüz kibar bir mahalle... Güzel bir kapı... Gişeden biletlerimiz alarak büyük şehir bahçesine giriyoruz. Soluk inci renginde, titrek bir kânunuevvel sabahı... Bütün sıcak yaz günlerinde kuşlara ve böceklere yuva olan yapraklar, şimdi güzel mevsimin sırları ile birlikte yerlere dökülmüş, yığın yığın, ayaklar altında çıtırdıyor:

– Bu kadar çok yaprağı Almanlar mümkün değil hiçe feda edemez. Acaba bu kuru yapraklardan bunlar ne yaparlar?

– Kim bilir, belki çelik, belki ipek, belki porselen!

Solumuzda, derinlikleri lacivert sislere boğulmuş bütün ağaçları, mektep çocukları gibi bakımlı ve muntazam nihayetsiz bir park. Manzaranın ıslaklığında, yer yer yosunlu heykellerin hüznü... Büyük ağaçlardan sarkan yapraksız dalların karmakarışıklığı altında, suları, kuş tüyleri ve kuru yaprak taşıyan titrek bir göl... Gölün kıyılarında düşünen, dargın bakışlı beyaz kuğular... Hâsılı büyük bir cennet iskeleti!

Soğuk bahçede fazla dolaşamadık.[1] Geniş mermer merdivenlerden çıkarak meşhur *Pelmer Garden* limonluğunun ılıklığına girdik.

Burası mabet[2] gibi sessiz ve mukaddes bir korku ile dolu idi. Sanki kırmızı Hint ilâhları burada tebessüm ediyordu. Gizli kalorifer borularının hesaplı hararetiyle ısınan bu cam[3] binanın havası büyün Asya ve Afrika iklimlerinin bunaltıcı elektrikleriyle yüklü idi. Yerler yemyeşil ve ıslak bir çemenle örtülü. Kütük diplerini hatt-ı üstüvanın yılanları[4] andıran biçim biçim sarmaşıkları sarmış, gizli membalardan gizli havuzlara damlayan sular, kırılan ince billurlar gibi sessizlikte[5] şakırdıyor. Daldan dala konan küçük bir kuşun uçuş sesi!

Cins cins hurma ağaçları yerden[6] sekiz on metre havaya yükselerek gergin yeşil pençeleri andıran veyahut bir kirpi dikeni hissini veren sert yapraklarını cam kubbeye değdiriyorlardı. Bütün iklimler burada: Japon hurması, Cava hurması, Yeni Zeland hurması vs...[7] Bu korkunç kütükler daha yükselecek ve bir gün gelecek ki Asya ormanlarındaki baş döndürücü[8] boylarını alacak-

---

1 "dolaşamadık" sözcüğü tefrikada "dolaştık" şeklinde.
2 "mabet" sözcüğünden önce tefrikada "bir" sözcüğü yer alıyor.
3 "cam" sözcüğünden önce tefrikada "bu yarım" ifadesi yer alıyor.
4 "yılanları" sözcüğü tefrikada "yılanlarını" şeklinde.
5 "sessizlikte" sözcüğü tefrikada yer almıyor.
6 "yerden" sözcüğü tefrikada "birden" şeklinde.
7 "Yeni Zeland hurması vs…" ifadesi tefrikada "Yeni Zeland hurması, Hint Hurması vs…" şeklinde.
8 "baş döndürücü" sözcüğünden önce tefrikada "o" sözcüğü yer alıyor.

lardır. Onun için cam kubbe, kütüklerin neşvünemasını takip edebilmek üzere müteharrik yapılmıştır. Etrafa hâkim ılık ve yeşil sessizlik içinde birtakım[9] takırtı sesleri geliyor: Bu gizli gizli boy atan kütüklerin gerilmesidir.

* * *

Bulutlu bir şimal seması altına getirilen bu yeşil ve sıcak hatt-ı üstüva manzarası karşısında bir kanepeye dizilen beş ihtiyar Alman, bastonlarına dayanmış, kâh tepedeki yapraklara, kâh kütüklere bakıyor, kâh su şakırtısını ve kanat gürültüsünü dinliyor ve mesut bir sükûn içinde kendi kendilerine[10] tebessüm ediyorlardı.

– Bu pahalı bahçenin keyfini sürmek için bu bunaklardan başka adamınız yok mu?

– Alman belediyesinin zahmetini mükâfatlandırmak için bu beş bunağın memnuniyeti çoktur bile! Her Alman, ihtiyarlığın ve çöküklüğün son haddine kadar gene bir Alman'dır ve onun saadetini yapmak bütün Almanya için bir mukaddes vazifedir. Bir Alman'ın kıymeti yoksa beş Alman'ın, on Alman'ın, yüz Alman'ın ve 60 milyon Alman'ın neden kıymeti olsun?

---

9 "birtakım" sözcüğü tefrikada "ikide bir" şeklinde.
10 "kendi kendilerine" ifadesi tefrikada "kendi kendine" şeklinde.

DİLENCİ ESTETİĞİ

Frankfurt caddelerinde en çok garibime giden insan, dilencisi[1] olmuştur. Bu dilenci, temiz gömlek ve yakası lekesiz elbisesi, ütülenmiş beyaz mendiliyle iyi bir kahvaltıdan sonra sigarasını yakarak sabahın neşeli kalabalığı içinde işine giden herhangi bir efendiye benzer.

Hastahanenin[2] kırmızı nehir sularına bakan pencereleri önünde, şehrin en şık ve en işlek caddelerinde, ikişer üçer kişilik takımlar hâlinde, sabahtan akşama kadar opera veya operet parçaları söyleyerek havayı keman veya armonik sesleriyle dolduran dilenciler hep bu tiptedir. Bunların gündelik kazançları, alelâde bir alışverişin getireceği kârdan aşağı değil.

Yakın veya uzak bütün Şark memleketlerinde, böyle bir kılıkla gelip geçenlerin merhametine el uzatmak cesaretini gösterecek herifin toplayacağı hava ve yiyeceği dayaktır. Merhametli hanım veya efendi, sadakaya muhtaç adamın kendisine bu kadar benzer oluşuna tahammül edemez; kalbinin heyecan mekanizması hare-

---

1 "dilencisi" sözcüğünden önce tefrikada "Alman" sözcüğü yer alıyor.
2 "hastahanenin" sözcüğü tefrikada "büyük şehir hastahanesinin" şeklinde.

kete geçmek için dilenciden, korkunç bir "Lon Chaney" makyajı ve tüyler ürpertici bir sahne tertibatı ister.

Şark estetiğine göre dilencinin gözü olmamalı; göz yerinde[3] patlamış iki beyaz zar olacak ve onlardan parçalanmış yanaklara doğru birtakım kanlı et parçaları sarkacak! Dilencinin ağzı ve dişleri olmamalı; ağız yerinde dipsiz bir uçurumun karanlıkları sırıtacak ve dişler, etlere gelişigüzel saplanmış birtakım kemik parçaları olacak! El ve ayak yerinde demir çengeller şıngırdayacak veyahut karışık tahtalar takırdayacak! Dilenci için kıyafet, yazın onu buram buram terletecek yağlı, paramparça kalın bir hırka; kışın ise içinde titreyeceği her tarafı delik deşik siyah bir paçavra[4] gömlek! Ağustos güneşi altında kanı ter hâlinde, damla damla toprağa akmayan ve kış[5] poyrazlarında donmak üzere olmayan bir dilenciye sadaka verilir mi hiç?[6]

Hint'in, Mağrip'in, Buhara ve Semerkant'ın müthiş[7] dilencileri bu itibarla ne büyük artistlerdir! Halbuki şu yakalı ve kravatlı Alman dilencileri...

Bir gün bir Alman'a sordum:

– Bunlara nasıl acıyabiliyorsunuz?

– Mecbur olmadan el uzatabilecek bir Alman tasavvur edemeyiz; onun için dilenen bir Alman, bizi ken-

---

3 "göz yerinde" ifadesi tefrikada "gözlerinde" şeklinde.
4 "paçavra" sözcüğü tefrikada "bez" şeklinde.
5 "kış" sözcüğü tefrikada "kışın" şeklinde.
6 "hiç" sözcüğü tefrikada yer almıyor.
7 "müthiş" sözcüğünden önce "Avrupa'ya giren" ifadesi yer alıyor.

dine acındırmak için fazla yalana ve zillete düşmeye[8] muhtaç değildir. Bu bir hususî ahlâk meselesi. Fakat işe bir de akıl[9] zaviyesinden bakalım: Dilenen bir insan, ne kadar alelâde bir insana benzerse bana o kadar yakındır; o nispette kolay derdini duyar, eksiğini anlarım. Fakat her ne surette olursa olsun, insan şeklinden çıkmış bir mahlûk benim cinsimden değildir. Ona acıyamam! Şark merhameti mantıksızdır!

Kızardım. Uydurma bir cevap verdim:

– Biz dilenciye acımayız, ondan korkarız. Bu korku dilencinin çirkinliği nispetinde artar. Çirkinliğin birtakım tehlikeli kudretler taşıdığına inanırız. Bütün Afrika, Amerika, Hint ve Çin ilâhları çirkin değil mi? Bize en fazla haşyet ve nefret veren dilenciye uzattığımız para bir sadaka değil fakat korku sanatkârına takdim edilmiş naçiz bir mükâfattır. Şark, artist milletlerin vatanıdır.

---

8 "düşmeye" sözcüğü tefrikada yer almıyor.
9 "akıl" sözcüğünden önce tefrikada "umumi" sözcüğü yer alıyor.

PROFESÖR ARİSTOKRASİSİ

Ekseri günler, akşam altıya doğru hastahanenin büyük kapısı önündeki meydanlık hususî otomobillerle dolardı. Sahiplerini saatlerce sessiz bekleyen bu yüksek markalı arabalar – işsiz, parasız, durgun ve fakir Frankfurt'ta- kimlerin olabilirdi? Büyük fabrikatörlerin, bankerlerin banka direktörlerinin olamazdı. Zira bu cins kimselerin bir hastahane veya tıp fakültesinde, böyle saatlerde ikide bir toplanmaları için hiçbir makul sebep bulunamazdı. O hâlde kimlerin?

Main Nehri'nin çıplak bir sahilde ıslak kış çimenlerine basarak dolaşıyoruz. Çamurlu nehir suları, gurub aydınlıklarıyla tazeleşmiş ayaklarımızın altında yana yana akıyor. Pembe gökte[1] kubbeler, kuleler, oklar üstünde karga alayları uçuşup bağrışıyor. Romantik Almanya akşamı! Almanya'yı peki iyi tanıyan arkadaşlarım, halledemediğim bir muammayı bana izah ediyorlar.[2]

– Bu gördüğünüz otomobiller, fakültede verilen konferansları takip için gelen profesörlerin arabalarıdır.

---

1 "gökte" sözcüğü tefrikada "semada" şeklinde.
2 "ediyorlar" sözcüğü tefrikada "ediyor" şeklinde.

Şimdi Almanya'da göreceğiniz her hususî otomobil ya bir zengin Yahudi'nin yahut da bir profesöründür. Burada bu iki insandan başka artık hususî otomobil sahibi olabilecek çok insan kalmamıştır.

* * *

Gün pazar... Bir dağ gezintisine gitmek üzere saat onda Rumplmeyer Kahvesi önünden kalkan tramvaya biniyoruz. Hareket; iki tarafımızdan meydanlar, bahçeler, mağazalar, binalar, renkli resimler gibi akıp gidiyor. Yarabbi! Bu şehirde ufak bir yıkıntı, bir küçük ihmal, yerine konulması unutulmuş bir taş, kapatılmamış bir çukur yok mu? Bıçak gibi keskin hatları her tarafta yükselen bu kusursuz hendese içinde insan nefes darlıkları duyuyor. Umranın bu kadarı fazla. "Ruskin"in dediği gibi muhayyilenin mesut bir faaliyete girebilmesi için biraz harabe görmek de lâzım...

Şehrin artık dışındayız. Bostanlar, bağlar, sürülmüş tarlalar...[3] Tuhaf! Her yerde olduğunun aksine, burada şehirden uzaklaştıkça binaların güzelliği artıyor.

Arkadaşım sebebini anlattı:

– Profesörler gürültüden rahatsız olmamak için şehir haricinde yaşamayı severler. Bu güzel bahçelerde gördüğünüz zengin evler profesör kâşâneleridir. Profesörler burada sükûn ve refah içinde çalışırlar.

---

3 "tarlalar" sözcüğünden tefrikada "başladı" sözcüğü yer alıyor.

* * *

Almanya, "profesör" ve "doktor" denilen acayip bir insan cinsinin vatanıdır. Bunlar Hindistan'daki rahip sınıfı gibi, bir nevi kutsiyetle çevrili olarak hemşehrileri arasında yaşarlar. Bunun için burada herkes muayyen birtakım imtihanlardan geçerek ve bazı basit darülfünun merasimini ikmal ederek bir an evvel bu sihirli unvanlardan birini ele geçirmeye ve şereflerin envaına malik bulunan bu bahtiyar sınıfa mensup olmaya çalışır.[4] Almanya'da profesörler ve doktorlar sayılmayacak kadar çoktur. Tanımadığımız herhangi bir adama biraz gençse "Herr Doktor" biraz yaşlı ve sakallı ise "Herr Profesör" diye hitap etmek ihtiyata muvafıktır.[5] Almanların bu âlim sıfatı takınmak merakı münasebetiyle[6] bir İngiliz'in nüktesi:

"İki kapı olsa birisinin üzerinde "Cennet" diğerinin üzerinde "Cennet hakkında konferans" diye yazılı olsa bütün Almanlar ikinci kapıya hücum eder."

Almanya hakkında bütün ecnebi karikatürlerinin mevzuunu yapan bu profesörler ve doktorlar kalabalığı ne iş yapar?[7] Çoğu dar kafalı ve cahil; miyop oldukla-

---

4 "çalışır" sözcüğü tefrikada "çalışırlar" şeklinde.
5 "ihtiyata muvafıktır" ifadesi tefrikada "en iptidai bir nezaketin ihtiyatına muvafıktır" şeklinde.
6 "'alim sıfatı takınmak merakı münasebetiyle" ifadesi tefrikada "müstevli ilim merakı hakkında" şeklinde.
7 "yapar" sözcüğü tefrikada "yaparlar" şeklinde.

rı için gözlüklü[8] ve müreffeh oldukları için pembe[9] ve sıhhatli olan bu insan cinsi, haşiyeleri birçok kitap isimleri ve sahife numaralarıyla dolu, incir çekirdeği doldurmaz meseleler hakkında, karınca sabrıyla cilt cilt uyutucu kitaplar yazmakla ömürlerini geçirirler. Bu kitapların kıymeti ne? Büyük Alman filozofu "H. De Keyserling"e nazaran Alman âlimlerinin mahsulâtının yüzde yetmişinde orijinal bir fikre tesadüf etmek nadiren mümkün olur. Bunlar bir nevi Almanya'ya mahsus yobaz sürüsüdür.[10]

Hakiki Alman ilmini, o büyük ve şerefli ilmi yapanlar[11] darülfünunun cüppe ve takke giydirmediği serbest zekâlardır.

– Böyle faidesi az bir sınıfı el üstünde tutmakta Almanya'nın ne kârı var?

– İçlerine karışmış olması muhtemel hakiki zekâların yanlışlıkla yok olmasına meydan vermemek için... Almanya böylelikle dünyanın en yüksek ilmine malik olabildi.

---

8 "gözlüklü" sözcüğünden önce tefrikada "hemen hepsi" ifadesi yer alıyor.
9 "pembe" sözcüğünden önce tefrikada "cümlesi" sözcüğü yer alıyor.
10 Bu cümle tefrikada yer almıyor.
11 Tefrikada "o büyük ve şerefli ilmi" ifadesi yer almıyor.

EK

MİLLETLERİ SEVMEK VE BEĞENMEK

Asabi ve genç etüdyan bulunduğumuz yeri dolduran şık kalabalığı bizim tarafa baş çevirmeye mecbur eden hiddetli bir sesle bağırdı:

-Ben Yahudileri sevmem... İnsanlığı bu tehlikeli cinsten kurtarmalı!

Muhatabı sükûnla cevap verdi:

-Herhangi cinsten adamın Yahudileri sevip sevmemesi mevzubahis değildir. Yahudileri ancak Yahudi sever ve sevmeye mecburdur. Fransızları ancak bir Fransız'ın, İngilizleri ancak bir İngiliz'in sevmeye mecbur olduğu gibi. Yahudiler size kendilerini zekâlarıyla bir kuvvet olarak kabul ettirdikten sonra sevip sevmemeniz onların pek de umurunda değil!

Bir üçüncü genç söze karıştı:

-Milletlerin takdir ve tenkidi vadisinde sevmek ve sevmemekten bahsetmek hem yanlış hem de gülünçtür. Sevmek aklın tenkidî faaliyetiyle bir alakası olmayan mahrem bir hissin ismidir. Ana, baba, maşuka sevilir veya sevilmez. Dostluğun bile sevmekle bir alâkası

yoktur. Dost sevilmez, beğenilir. Milletlerin tartısını bulmak ise akıl ve müşahede işidir. Onun için bu müşkül ameliyeyi yaparken "sevmek ve sevmemek" gibi aşk ve alâka lehçesinden ve yahut kokot ağzından alınmış birtakım mini mini ve süslü kelimelerin terazi gözüne ölçü gibi konulması hayli gariptir.

-Seviliyor muyum, sevilmiyor muyum diye mütemadiyen endişe içinde olan bir millet beğenilmekten ümidini kesmiş olan bir millettir.

-Böyle endişelerle kıvranan milletler yüzünü, kaşını, gözünü boyayıp gelip geçene göz eden ana yaşında bir kadın gibi bana iğrenme verir.

-Yahudilere gelelim. Yahudi her kuvvetli mahlûk gibi sevilmeye muhtaç değildir. Bütün peygamberler sıra ile onun cinsinden geldi. Büyük tarihî faciaların menbaı odur. Hâlâ Yahudi Allahı dünyaya hâkim buluyor. Zamanımızda peygamberler, filozof ve âlim ismi altında gene o ırktan geliyor. Eski mabet yıkılmaya yüz tuttuğundan beri Yahudi, insan kalabalıklarının etrafında daha korkunç bir haşyetle dönmeye başladığı yeni bir mabet kurdu: Banka!.. Bankanın mahzeninde gizli yatan sarı yüzlü korkunç ilâh altındır. Altının bir tehlikeli ilâh olduğu şundan belli ki ona hiçbir millet eliyle dokunmaya cesaret edemiyor ve ancak bir kâğıt parçası onun ismini taşımak suretiyle iktisadî nizamın büyük çarklarını istediği gibi döndürüyor.

-Yahudilerde nefret ettiğiniz şey sadece zekâdır.

FALCI

Gece, asfalt geniş bir caddede, kış yıldızları altında bir gençle yürüyor ve konuşuyorduk. Genç söylüyordu:

-Hayat ne güzel! Onu sonsuz bir iştiha ile seviyorum. Fakat hissediyorum ki ileride, hakkım olduğu kadar hayattan zevk almama insanlar mani olacak. İnsanlar, tabiatın serbest akışını değiştirmişler, saadet ve felâketi büyük talih ve keder kanunlarının mecralarından ayırmışlar ve köy sularını istedikleri gibi paylaşan mütegallibe tarzında, zevki ve kederi aralarında keyiflerine göre dağıtmışlardır. Tatlı hava, renkli ziya, gök, deniz, ağaç, çimen, ateşli kadın bakışı, yakıcı şiir ve sarhoş edici musiki ile benim aramda, yarın, karanlık bir kaya gibi dikilecek olan insan beni şimdiden ürkütüyor. Ben onu nasıl yumuşatacağım ve müthiş husumetini nasıl lehime çevirebileceğim?

İnsanın insandan daha korkunç bir düşmanı yoktur. Gizli mikroplardan daha tehlikeli olan bu iri cüsseli canavarı yenmek hüneri hünerlerin en büyüğüdür, bu muhakkak! Bedbahtlar ve ahmaklar, makhûrane bir dudak büküşüyle bu marifete "Dalkavukluk!" derler. Bu

ismi tiksinmeden kabul edelim. Dalkavuğun hayat oyununda er geç ele geçirdiği mükâfat, incelikten ve anlayıştan yapılmış olan bu sanatın ehemmiyetini gafillere anlatmaya yetmez mi? İşsiz mühendisler, aç doktorlar, kimsenin kapısını çalmadığı büyük sanatkârlar gördüm. Fakat yüzü pembe, evi mamur, ocağı tüter, çocukları iyi mekteplerde okumuş, kızları iyi kocalara varmış ve kendisi makul bir hayatın tatlı grubuna tebessümle muntazır olmayan hiçbir dalkavukluk üstadı tanımıyorum. Zekâca birçok hayvanlara üstün olan dalkavuk köpeğin insan evindeki saadeti göz önünde bir misaldir.

Dalkavuğun sanat sırrı ne? Sade bir şey: Evvela iyi bir mide sahibi olmak sonra da tasnifsiz, mağrur insana mütemadiyen kendisinden bahsetmekten ibaret: "Bugün renginiz ne güzel! Dün ne güzel konuştunuz! Evvelki gece sizden ne kadar hararetle bahsettiler! Eseriniz ne yaman, zekânız ne müthiş! İstikbaliniz ne kadar parlak!" Vesaire ...

Girdiği mecliste herkesi etrafına mıknatısî bir cazibe ile çeken gaipten saadet habercisi falcı, dalkavuk cinsinin en göze çarpan numunelerindendir. Eski hükümdarların müneccimleri, maiyetlerinin en uzun külahlısı, en geniş cübbelisi ve en çok sırmalısı idi.

İnsan fenalığına karşı şimdiye kadar bulunabilen en kuvvetli panzehir budur. İnsan düşmanlığından korkan, bunu ciddiyetle fakat büyük bir anlayışla tecrübe etmelidir.

Kitaptaki Yazıların Bibliyografyası

"Gece", *Milliyet*, 9 Kânunuevvel 1932, s.1.

"Bulgar Kırları", *Milliyet*, 11 Kânunuevvel 1932, s.1.

"İç Sıkıntısı", *Milliyet*, 13 Kânunuevvel 1932, s.1.

"Sinek", *Milliyet*, 15 Kânunuevvel 1932, s.1.

"Alman Gecesi", *Milliyet*, 17 Kânunuevvel 1932, s.1.

"Varış", *Milliyet*, 19 Kânunuevvel 1932, s.1.

"Büyük Bir Avrupa Şehri", *Milliyet*, 21 Kânunuevvel 1932, s.1.

"Caddeler", *Milliyet*, 24 Kânunuevvel 1932, s.1.

"Faust'un Mürekkep Lekeleri", *Milliyet*, 27 Kânunuevvel 1932, s.2.

"Ticaret", *Milliyet*, 29 Kânunuevvel 1932, s.1,6.

"Hasta", *Milliyet*, 2 Kânunusani 1933, s.1.

"Sonbahar", *Milliyet*, 5 Kânunusani 1933, s.1,6.

"Bulutlu Hava", *Milliyet*, 7 Kânunusani 1933, s.1,6.

"Bir Zihniyet Farkı", *Milliyet*, 10 Kânunusani 1933, s.1.

"Sincaplar, Kuşlar Vesaire", *Milliyet*, 12 Kânunusani 1933, s.1,6.

"Dilenci Estetiği", *Milliyet*, 17 Kânunusani 1933, s.1,6.

"Alman Ailesi", *Mülkiye*, nu: 22, Kânunusani 1933, s.1,2.

"Milletleri Sevmek ve Beğenmek" *Mülkiye*, Şubat 1933, nu: 23, s.1,2.

"Beş Alman'ın Keyfi İçin", *Milliyet*, 4 Şubat 1933, s.1.

"Profesör Aristokrasisi", *Milliyet*, 6 Şubat 1933, s.1,6.

"Falcı", *Mülkiye*, Mart 1933, nu: 24, s.1,2.

"Kımıldamayan Işıklar", Şehir, nu: 2, 11 Mayıs 1933, s.1.

Sözlükçe

Action: Hareket.

Akide: İnanç.

Âkil: Akıllı, aklını iyi kullanan.

Ameliye: Uygulama, işlem, iş.

Ârız olmak: Sonradan ortaya çıkmak.

Belagat: İyi konuşma, söze inandırma yeteneği.

Cevelangâh: Gezip dolaşılan yer.

Cezr u med: Git gel.

Düstur: Umumi kaide, kanun, nizam.

Eşhas: Şahıslar, kişiler.

Etüdyan: Araştırmacı.

Evsaf: Vasıflar.

Faik: Üstün.

Faraza: Diyelim ki.

Garabet: Gariplik, tuhaflık.

Giran-baha: Kıymet ve pahası çok olan.

Haiz: Bir şeyi olan, elinde bulunduran, taşıyan.

Hâl-i tabiî: Doğal durum.

Halita: Birden çok ögeden oluşmuş olan .

Haşiye: Dipnot, bir yazının kenarına yazılan açıklama.

Hatt-ı üstüva: Ekvator çizgisi.

Hendesî: Geometrik.

Husumet: Düşmanlık.

İfna etmek: Yok etmek, tüketmek.

İğva: Ayartmak, azdırmak, baştan çıkarmak.

İhtiyat: Herhangi bir konuda ileriyi düşünerek ölçülü davranma, sakınma.

İktifa: Yetinme.

İlaahirihi: Diğerleri de böyledir ve başkaları...

İmtiyaz: Ayrıcalık.

İnkıta: Kesinti.

İnzimam etmek: Katılmak, eklenmek.

İptidai: İlkel.

İstihale etmek: Başkalaşmak, başkalaşım.

İstinat etmek: Dayanmak.

Kanunıevvel: Aralık ayı.

Kari: Okuyucu.

Kâşâne: Büyük, süslü ve gösterişli ev.

Kokot: Aşüfte, hafif kadın.

Kotlet: Pirzola.

Mabut: Kendine ibadet edilen, Tanrı.

Mahbes: Hapishane.

Makhûrane: Kahr ve gazaba uğramış hâlde.

Mamur: İmar edilmiş, bakımlı.

Maşuka: Sevgili (kadın).

Mayi: İçki, içecek.

Mazhar olmak: Sahip olma, nail olma, şereflenme.

Mefhum: Kavram.

Meyus: Üzüntülü.

Mezbûhâne: Son ümit ve son kuvvetle.

Mihanikî: alışkanlığın verdiği kolaylıkla, hiç düşünmeksizin, kendiliğinden, yalnız kasların devinmesiyle yapılan.

Mihmannüvazlık: Misafirperverlik.

Muayyen: Belirli.

Mudhikenüvis: Komedya yazarı.

Muhavere: Karşılıklı konuşma.

Muhayyel: Hayali.

Muntazır: Bekleyen, gözleyen.

Murabba: Dört köşeli, dörtgen.

Mutantan: Görkemli, şatafatlı.

Muvafık: Uygun.

Muvakkat: Geçici.

Muvazene: Denge.

Mücehhez: Donanmış.

Mücrim: Suçlu.

Müdebbir: İşin arkasını ve sonunu düşünüp çare arayan, önlem alan.

Müdür-i umumi: Genel müdür.

Müellif: Yazar.

Mümtaz: Seçkin.

Müneccim: Yıldızların durum ve hareketlerinden anlam çıkaran kimse, yıldız falcısı, astrolog.

Münhasır: Bir kimse veya bir şey için ayrılmış, mahsus.

Mürekkep: Birleşmiş, birleşik.

Mürettep: Tertip edilmiş, düzenlenmiş, dizilmiş.

Müselles: Üç köşeli, üçgen.

Müstehziyane: Alay ederek, eğlenerek.

Müşkülat: Zorluklar.

Müşterek: Ortak.

Müteaffin: Pis kokulu.

Mütegallibe: Zorba, hak ve hukuka hürmet etmeden geçinmek isteyen.

Müteharrik: Hareketli olan, oynar.

Mütehassıs: Uzman.

Mütehassis: Duygulanmış, duygulu.

Müteheyyiç: Heyecanlı.

Müteşekkil: Oluşmuş, meydana gelmiş.

Müz'iç: Bunaltıcı, tedirgin edici, sıkıcı.

Nâ-kâfi: Kifayetsiz, yetersiz.

Namütenahi: Sonsuz.

Neşvünema: Gelişme, yetişme.

Safvet: Saflık, temizlik, paklık, arılık, halislik.

Salib-i Ahmer: Kızılhaç.

Sayha: Çığlık.

Seyyale: Akıntı, akım.

Seyyare: Güneşin çevresinde belli bir eğri çizerek dolaşan yıldız, gezegen.

Sukut: Düşüş.

Şikâr: Av.

Şimal: Kuzey.

Şiryan: Kırmızı kan damarı, atardamar.

Taglit: Yanlışını çıkarma, yanıltma.

Tahrif: Bir şeyin aslını bozma.

Tahsis etmek: Ayırmak.

Teahhur: Gecikme.

Tebahhurat: Buharlar, buharlaşmalar.

Tecessüs: Merakını gidermeye çalışma, görme, anlama merakı.

Tedricen: Azar azar, giderek.

Tekâmül: Olgunluk, olgunlaşma.

Tekerrür: Tekrar etmek.

Tensip: Onaylama.

Teşbih: Benzetme.

Teşrin: On ve on birinci aylar.

Tevettür: Gerginleşme, gerilme.

Uzviyet: Canlılık, uzva ait oluş, canlı uzva ait.

Vâhi: Boş, saçma.

Vakta ki: Ne vakit ki.

Yeknesak: Tekdüze, sıradan.

Zillet: Hor görülme, alçalma.

FOTOĞRAF DİZİNİ